Eva-Maria Krämer-Vogeler

Unser Mischlingshund

Ratschläge für eine lange Freundschaft

Kosmos
Gesellschaft der Naturfreunde
Franckh'sche Verlagshandlung
Stuttgart

Mit 30 Farbfotos, 1 Schwarzweißfoto und 4 Schwarzweißzeichnungen. Die Fotos sowie eine Zeichnung (Abb. 29) stammen mit Ausnahme der Abb. 18 (S. Fischer), Abb. 21 (H. Rode) und Abb. 24 (R. Hinze) von der Autorin. Die Abb. 20 a + b zeichnete Eva Hohrath. Abb. 26 wurde mit freundlicher Genehmigung der Interessengemeinschaft Deutscher Hundehalter e.V. veröffentlicht.

Umschlaggestaltung von Edgar Dambacher unter Verwendung eines Dias von Heinz Schrempp.

Fachtierärztliche Durchsicht:
Dr. Schneider, München.

Der Abschnitt „Verhütungsmethoden" wurde von Dr. Schneider verfaßt.

Franckh'sche Verlagshandlung, W. Keller & Co., Stuttgart / 1985

Printed in Italy / Imprimé en Italie /
L 9 mm Hrr / ISBN 3-440-05505-1
Satz: G. Müller, Heilbronn
Reproduktion, Druck und Buchbinder:
Grafiche Muzzio, Padua, Italien

CIP-Kurztitelaufnahme
der Deutschen Bibliothek

Krämer-Vogeler, Eva-Maria:
Unser Mischlingshund :
Ratschläge für e. lange Freundschaft /
Eva-Maria Krämer-Vogeler. –
Stuttgart : Franckh, 1985.
(Kosmos-Hundebibliothek in Farbe)
ISBN 3-440-05505-1

Abb. 1. Ein ungleiches Paar: „Pinky" und „Schroeder".

Unser Mischlingshund

Vorwort

Tierheim des Bundes gegen Mißbrauch der Tiere, Köln-Dellbrück – 150 Hundeinsassen, davon 90% Mischlinge. 90% von ihren Besitzern verstoßene Hunde, die, unschuldig hinter Gitter geraten, auf ein neues Heim warten. Sie hatten Glück, hier kann man alt werden, wenn sich keine gute Seele findet und Fifi aufnimmt, denn in anderen Tierheimen dieses Landes werden überzählige Hunde wegen Platzmangels schon nach 14 Tagen eingeschläfert – oder ist es besser, tot zu sein, als von einer Hand zur anderen zu wandern, um schließlich ein trostloses Dasein hinter den Gittern eines Tierheims zu verbringen?
Alljährlich vor Weihnachten und um die Reisezeit gehen schaurige Geschichten durch die Presse von unter dem Tannenbaum geschenkten niedlichen Hundebabies, die, zu groß und unbequem geworden, vor den Sommerferien ausgesetzt werden. Tatsache ist aber, und das wird leider viel zu selten deutlich gesagt, daß es die Ärmsten der Armen sind, die dieses harte Schicksal trifft. Es sind nicht die teuren Rassehunde, die man kurzerhand sich selbst überläßt; es sind die Mischlinge, die man geschenkt bekam, weil jemand froh war, sie loszuwerden. Solange sie klein und putzig waren, machte es ja noch Spaß, aber ein erwachsener, schlappohriger und ringelrutiger Schäferhund, groß wie ein Kalb, einen halben Wochenlohn verschlingend, der aus Langeweile, weil unausgelastet, die Wohnung demoliert, ist eine andere Sache. Wohin mit dem lästigen Übel? Man bringt ihn als „gefunden“ ins Tierheim, dort hat er es gut, und sollen die doch sehen, was sie mit ihm machen.
Und so sitzt er nun, der arme Kerl, wertlos, häßlich, verachtet, seelisch verkümmert und wartet, wartet, wartet. Worauf? Auf verständnisvolle Menschen, die ihm ein liebevolles Heim geben und sein gestörtes Verhalten zu ordnen versuchen, oder auf einen neuen Herrn, der billig einen großen, angsteinflößenden Wachhund für sein Grundstück sucht? Nicht alle Tierheime können sich um jeden einzelnen Hund kümmern und sich vergewissern, daß er wirklich an Tierfreunde kommt. Und selbst wenn sie es tun, kommen zwei von zehn Hunden zurück, weil es einfach nicht klappen wollte, das Zusammenleben zwischen Hund und neuer Familie. Schuld des Hundes? Sicherlich nicht.
Mischlingshunde, die liebenswertesten Vierbeiner der großen Familie der Haushunde, sind der Mittelpunkt dieses Buches. Möge es dazu dienen, Verständnis für sie zu wecken und denjenigen, die willens sind, einen Mischlingshund in ihre Familie aufzunehmen, ein Leitfaden sein, der zum beiderseitigen Verstehen beiträgt und eine Freundschaft knüpfen hilft, die hoffentlich viele Jahre anhalten wird.

Abb. 2. Zwei Unglückselige warten auf einen neuen Besitzer.

Was ist ein Mischlingshund?

Unter einem Mischlingshund versteht man den Nachkommen zweier verschiedenrassiger Hunde oder den Nachkommen von Mischlingen untereinander. Leider werden diese Promenadenmischungen, Straßenköter, Spitzpudeldackel, Fixköter und wie sie sonst noch genannt werden, von manchen Leuten als minderwertig angesehen. Dabei sind viele unserer besten Hunderassen nichts weiter als erfolgreiche Kreuzungsprodukte, die man rein weiterzüchtete. Die Rassehundezucht in unserem Sinne ist noch sehr jung, etwas über 100 Jahre alt. Hunde hingegen begleiten den Menschen schon seit Tausenden von Jahren und waren ihm stets unentbehrliche Helfer – auch ohne Stammbaum.

Bis die ,,Rassehundezucht" aufkam, wurden Hunde, abgesehen von den Schoßhunden, ausschließlich nach Leistungsfähigkeit gezüchtet. Diejenigen Hunde wurden verpaart, die die erwünschten Eigenschaften am ausgeprägtesten besaßen, in der Hoffnung, daß sie diese an ihre Nachkommen weitergeben würden. Wie die Elterntiere aussahen, spielte dabei nur dann eine Rolle, wenn bestimmte äußere Merkmale für die Erfüllung der gestellten Aufgaben wichtig waren. So versteht es sich von selbst, daß die edlen Windhunde nicht mit schweren Doggen gekreuzt wurden, wenn die Nachzucht wiederum die Aufgaben eines Windhundes ausüben sollte.

Wünschte man jedoch, bei den schweren Hunden Schnelligkeit und Hetztrieb zu fördern, war die Kreuzung durchaus angebracht. War eine Kreuzung besonders gut gelungen, versuchte man, sie in dieser Form weiterzuzüchten, um mit größerer Sicherheit die erwünschten Hunde zu bekommen und nicht auf den Zufall angewiesen zu sein. So entstanden die vielen Wind- und Jagdhundschläge.

Aber auch völlig gegensätzliche ,,Rassen" wurden zu bestimmten Zwecken verkreuzt. So durfte ein Hütehund durchaus einen Schuß Jagdhundblut besitzen, um gelegentlich die Kochtöpfe des armen Farmers mit einem erwilderten Kaninchen zu füllen, umgekehrt ist belegt, daß die Gordon Setter mit den Collies der Schäfer gekreuzt wurden, weil Intelligenz und Führigkeit erwünscht waren (Watson 1907).

Um die Wende vom 18. zum 19. Jahrhundert – deutlich im Zusammenhang mit den zunehmend an Bedeutung gewinnenden Naturwissenschaften, deren Entwicklung in Europa untrennbar mit der geistigen Strömung der Aufklärung verbunden ist –, kommen die ersten ,,Hundebücher" auf. Sie beschreiben die Wind- und Jagdhunde der Adligen, aber auch die örtlichen Hüte-, Hirten- und Wachhundschläge. Der Gedanke der Unterscheidung nach Rassen im modernen Sinn sowie, als logische Folge davon, der Gedanke der Reinzucht, gewann allmählich an Boden (Matenaar 1983). Mitte des 19. Jahrhunderts kommen

Abb. 3. Sollte es jemand wagen, diese kraftvolle, bildschöne Erscheinung abfällig ,,Bastard" zu nennen?

die ersten Hundeausstellungen in England auf. Zunächst den Jagdhunden Pointern und Settern vorbehalten, durften kurz danach auch die Hütehunde ausgestellt werden. Das war der Startschuß zur Rassehundezucht – und, man sollte es kaum glauben, der Beginn der Blütezeit des Mischlingshundes!
Was da nämlich an „neuen" Rassen vorgeführt wurde, war nichts anderes als Mischlingshunde. Man gab allen möglichen mehr oder weniger zweckdienlichen Mixturen Namen, die meist in Beziehung zu ihrem Herkunftsort oder Schöpfer standen. So entstanden um diese Zeit viele der besten und heute beliebtesten Hunderassen. Ich denke da beispielsweise an die vielen Terrierrassen. In Deutschland schuf man den Leonberger, den Dobermann, den Boxer, den Hovawart, um nur einige zu nennen. Hatte man den erwünschten Hundetyp erreicht, wurde dieser als „Rasse" rein weitergezüchtet. Bis in unsere jüngste Vergangenheit wurden wir mit neu geschaffenen Kreuzungen beglückt, z. B. mit dem Pudelpointer, dem Kromfohrländer oder dem Eurasier. In England züchtet man den *Lurcher*. Diese „Rasse" wird betreut von einem eigenen Verein. Es werden Rennen und Ausstellungen veranstaltet. Aber Ahnentafeln haben diese Hunde nicht, es sind echte Mischlinge, und man ist stolz darauf. Voraussetzung dafür, daß sich eine solche Promenadenmischung „Lurcher" nennen darf, ist, daß ein Elternteil Greyhound oder Deerhound ist.
In England gibt es außerdem noch einige Terrierkreuzungen, die zu bestimmten jagdlichen Zwecken gezüchtet werden. In Teilen Schleswig-Holsteins züchtet man auf den Bauernhöfen einen kleinen, terrierartigen Hundeschlag, den „Rattenbeißer", der in den Ställen lebt und sie von Ratten freihält.

Sind Mischlingshunde treuer, gesünder und klüger als Rassehunde?

Das kann man nicht einfach mit Ja oder Nein beantworten. Ich kenne viele gesunde, treue und äußerst kluge Rassehunde sowie kränkliche und streunende Mischlinge und umgekehrt.
Mischlinge haben den Vorteil, daß sie die angezüchteten, übertriebenen Merkmale rassereiner Eltern kaum oder gar nicht aufweisen. Sie sind frei von den oft rassetypischen „Behinderungen" so mancher wertvoller Hunderassen und durch enge Zuchtbasis angehäuften Erbdefekten (zu kurze Nase, Beckenanomalien, Augenliderdeformationen), aber in der Regel fehlt dem Mischlingswelpen die sorgfältige Aufzucht als Fundament für ein gesundes, widerstandsfähiges Leben. Andererseits zieht wohl niemand mit Gewalt und Flasche auch die schwächlichsten Welpen eines Mischlingswurfes auf. Nur die kräftigsten Exemplare läßt man am Leben, damit „die Mutter keine Schwierigkeiten mit der Milch bekommt". So ist von vornherein eine gewisse Auslese gegeben, die den hochgezüchteten Rassehunden leider fehlt.
Wie steht es nun mit der Klugheit der Mischlinge? Sind sie tatsächlich intelligenter als Rassehunde? Das geradezu menschliche Verhalten so manchen „Fixköters" läßt dies leicht vermuten, aber darüber ebenso leicht vergessen, daß oft die hochprämiertesten Rassehunde als Zucht- und Schauobjekte in Zwingern leben und darin einfach verdummen müssen, weil sie

Abb. 4. ,,Mimi''.

gar keine Gelegenheit haben, ihre geistigen Fähigkeiten zu entfalten. Wie klug, gesund und treu ein Hund ist, hängt in hohem Maße von der Einstellung des Besitzers und daraus folgend der Haltung des Hundes ab.
Wenn Sie einige Jahre Ihres Lebens mit einem Mischlingshund teilen wollen, müssen Sie Überraschungen humorvoll hinnehmen und dürfen keine bestimmten Erwartungen in Ihren neuen Freund setzen, sondern ihn als Hund mit allen nützlichen und manchmal lästigen Eigenschaften seiner Art hinnehmen und versuchen, ihm ein hundegerechtes Leben zu bieten. Dann werden Sie in Ihrem Mischlingshund den besten, klügsten, treuesten und gesündesten Kameraden finden, den Sie sich wünschen können. Und da der Begriff Schönheit relativ ist, wird er in Ihren Augen auch der schönste Hund auf Erden sein!

Kunterbunte Mischlingshunde

Jagdhundmischlinge (Abb. 4)
Diese hübsche Hündin fotografierte ich an der französischen Atlantikküste. Ihr Besitzer hatte keine Ahnung, welche Rassen mitgemischt haben – eine französische Bracke oder ein Basset Hound vielleicht?

Abb. 5. „Gina".

Jedenfalls ist Mimi eine sehr liebe und anschmiegsame Hundedame. Sie gehorcht gern, wenn sie damit ihrem Herrn einen Gefallen tun kann und nichts Wichtigeres dazwischenkommt – eine frische Wildfährte zum Beispiel. Dann geht das Spürhunderbe mit ihr durch. Die Nase tief am Boden, vergißt sie alles um sich herum – nur das eine Ziel vor Augen, am Ende der Fährte ein Stück Wild zu finden. Ihr Herrchen hat dafür allerdings wenig Verständnis und hält sie in wildreicher Gegend deshalb besser an der Leine.
Mimis kurzes Haarkleid ist pflegeleicht, lediglich die Hängeohren müssen regelmäßig gereinigt werden.

Gina und das Pekinesen-Erbe (Abb. 5)
Wahrscheinlich hat hier eine Pekinesendame einen Fehltritt begangen, aber so genau weiß das niemand. Schon als sechs Wochen alter Welpe hatte Gina so viele Male den Besitzer gewechselt, daß nicht mehr festzustellen war, woher sie kam und wer ihre Eltern waren. Gina lebt in der Innenstadt von Köln und bewacht das Juweliergeschäft ihres Frauchens; zusammen mit einem Rottweilerrüden, der sich jedoch vollkommen von Gina beherrschen läßt. Seine Begeisterung für ausgedehnte Spaziergänge teilt sie nicht, lieber tobt sie sich im Laden mit ihrem Spielzeug aus. Eigentlich mag Gina keine Fremden und übt vor-

Abb. 6. Das rauhe Krummbein.

nehme Zurückhaltung. Frauchen versichert, daß Gina jedes Wort versteht und außerordentlich klug ist, ihrem großen Freund Rottweiler ist sie jedenfalls immer eine Nasenlänge voraus.
Ginas seidiges Haarkleid wird täglich gekämmt. Allmorgendlich müssen ihre großen, runden Augen mit einem feuchten Tuch gereinigt werden, damit sich keine unschönen braunen Tränenrinnen bilden oder sich die Augen entzünden. Die Ohren werden jede Woche sorgfältig gereinigt. Ansonsten ist sie ein gesunder und unkomplizierter Hund. Atembeschwerden im Sommer hat sie nicht, denn die kurze Nase des Pekinesen ist bei ihr nur angedeutet.

Das rauhe Krummbein (Abb. 6)
Spitz-Dackel-Schnauzer, das ist hier die Frage. Dieser Hund kam aus dem Tierheim. Herkunft unbekannt. Die krummen Beinchen lassen auf Dackelblut schließen, die lustigen Stehöhrchen erinnern an einen Spitz, der rauhe Bart an den Schnauzer. Er ist ein fröhlicher, pfiffiger Hund, der weiß, was er will. Vom Dackel hat er die liebenswerte Sturheit, nur dann zu gehorchen, wenn es ihm in den Kram paßt, vom Schnauzer die ausgeglichene Natur und vom Spitz die Wachsamkeit. Von ihm hat er auch die Neigung, nicht zu streunen und darf deshalb selbst im Wald frei laufen. Sein langstockhaariges Rauhhaar wird öfter gründlich gebürstet, nach einem Schlechtwetterspaziergang wird sein Bäuchlein abgebraust, damit er nicht zuviel Schmutz in die Wohnung trägt.

Der Windhundtyp (Abb. 7)
Ist das nicht ein herrlicher Hund? Zweifellos fließt Windhundblut in seinen Adern, denn er ist ein echter Lurcher. Greyhound / Deerhound oder Deerhound / Whippet, jeweils mit einem Schuß Collieblut, das ist das Geheimnis dieser Hunde. In England jagen sie noch heute in freier Wildbahn, meist in Zweiergruppen, Hasen und Kaninchen. Sie müssen starke Sehnen haben, flink sein, um die hakenschlagenden Hasen zu verfolgen, und intelligent, um blitzschnell auf deren Tricks eingehen zu kön-

Abb. 7 (links). Ein echter Lurcher.

Abb. 8 (oben). Beinahe ein waschechter ,,Beardie''.

nen. Die für Bahnrennen gezüchteten Windhunde können dies alles nicht mehr, daher die Kreuzung. Collieartige Hütehunde kreuzt man ein, um die Hunde scharfsinniger und gefügiger zu machen. Lurcher sind kluge und liebevolle Hausgenossen. Sie lernen rasch und gerne, gehorchen gut.

Im Hause sind sie ruhig und angenehm, dazu pflegeleicht und genügsame Fresser. Im Freien allerdings – und das zeigt der Blick dieser Hündin – flammt das Hetzhunderbe auf, sucht ihr Auge den Horizont nach Beute ab. Sie im Feld von der Leine zu lassen, bedeutet ein gewisses Risiko, denn wenn sie einen Hasen entdeckt hat und ihm nachsetzt, ist es zu spät, sie zurückzurufen.

Der Hütehundtyp (Abb. 8)

Er sieht aus wie ein Bearded Collie, ist aber keiner. Seine Mutter war eine tricolour Colliehündin, der Vater ein grauweißer Bearded Collierüde. Er ist ein typischer Hütehund, lebhaft, gelehrig, verschmust und treu. Seine Familie geht ihm über alles. Er ist wachsam, aber nicht scharf. Lange Spaziergänge in Wald und Flur liebt er über alles. Da er keine Neigung zum Wildern hat, kann man ihn gefahrlos von der Leine lassen. Er ist so gehorsam, daß er auf Ruf sofort zurückkommt, auch verläßt er seine ,,Herde'' ungern, schließlich ist er für sie verantwortlich, auch wenn seine Schäfchen Herrchen, Frauchen und die Kinder sind. Mühevoll ist die Pflege seines wun-

Abb. 9. „Susi“ und „Krimson“.

derschönen Haarkleides. Täglich eine halbe Stunde muß man schon opfern, damit er immer sauber und gepflegt aussieht. Die Ohren müssen stets saubergehalten werden. Schmutz schleppt dieser schöne Hund auch ins Haus, da er aber der besondere Liebling von Frauchen ist, drückt sie gerne ein Auge zu.

Der Hirtenhundtyp (Abb. 9)

Ob Susi und Krimson unter die Mischlingshunde zu zählen sind, weiß ich nicht so recht. Einer gezüchteten und anerkannten Rasse jedoch gehören sie nicht an. Beide sind Mitbringsel aus dem Pamirgebirge, wo solche Hunde die Dörfer und Herden beschützen. Die zwei haben sich in Köln gut eingelebt, und obwohl sie als Welpen in den zivilisierten Westen kamen, sind sie typische Hirtenhunde geblieben. Beide sind sehr wachsam, doch sie kläffen niemals unnötig. Da sie sehr selbstbewußt und selbständig sind, erfordert ihre Erziehung starkes Durchsetzungsvermögen. Ohne zuverlässigen Gehorsam können diese großen, mißtrauischen Hunde gefährlich werden. Krimson war der Schrecken des Stadtwaldes. Er mußte seine Vorherrschaft behaupten und legte sich darum mit jedem Rüden an. Es war ihm keiner gewachsen, und so mancher besiegte Gegner fand sich auf dem Tisch des Tierarztes wieder. Susi ist Hündinnen gegenüber ebenfalls ein ernstzunehmender Gegner, doch fügt sie sich ihrem Frauchen besser als der mächtige Krimson.

Große, starke Hirtenhunde brauchen viel Platz und Futter. Das dichte Langstockhaar macht sich zu Zeiten des Haarwechsels in der Wohnung unangenehm bemerkbar. Die Pflege beschränkt sich auf gelegentliches Bürsten und wöchentliche Ohrenkontrolle. Beide Hunde laufen gerne und viel, aber man kann sie kaum von der Leine lassen, wenn andere Hunde in der Nähe sind, denn absoluten Gehorsam vereinbaren diese Tiere nicht mit ihrer Persönlichkeit. Für Anfänger in Sachen Hund sind Hirtenhundmischlinge kaum geeignet.

Die Terrierkreuzung (Abb. 10)
Struppi kann einen Foxterrier unter seinen Ahnen nicht verleugnen. Die Ähnlichkeit ist nicht nur äußerlich. Struppi ist ein lebhafter, kluger Kerl, immer zu Spaß und Unsinn be-

Abb. 10. „Struppi".

Abb. 11 (oben). „Rex".

Abb. 12 (rechts). „Rasko".

reit. Er braucht viel Bewegung und Abwechslung, liebt es zu spielen und zu toben. Er ist nicht unbedingt ein ruhiger Hund, sondern sehr wachsam und manchmal auch ein wenig laut. Gelehrig und verschmust, dabei pflegeleicht, ist er ein Hund, der kaum noch Wünsche offen läßt.

Rex – der Superdackel (Abb. 11)
Rex' Mutter ist eine Deutsche Schäferhündin, deren Freier vor dem Zaune keiner ernst nahm: den kleinen, kessen Rauhhaardackel. Doch als er eines Tages bei der Hündin im Zwinger stand und die Hündin später ihre kommende Mutterschaft nicht mehr verleugnen konnte, mußte man das Unwahrscheinliche glauben! Und Rex ist der eindeutige Beweis – er sieht aus wie ein überdimensionaler Dackel mit Schäferhundkörper und Dackelbeinen, sogar das Bärtchen hat er von Papa geerbt. Seine Familie findet, daß Rex der ideale Hund ist, denn er ist klein, stabil, wachsam und stark wie ein Schäferhund. Er ist ein wehrhafter, zuverlässiger Beschützer der Familie, da-

bei ein liebenswerter Clown, der immer zu Unsinn aufgelegt ist. Richtig erzogen wurde er nie, das Nötige für den Hausgebrauch hat er so nebenbei gelernt. Seinen Dackeldickkopf setzt er nur manchmal auf, aber in seiner klugen, netten Art versteht er, sich durchzusetzen, ohne aufsässig zu sein.
Das harte Stockhaar ist wetterfest und pflegeleicht.

Rasko, ein Rottweiler-Schäferhundmischling (Abb. 12)
Dieses offene, ehrliche Gesicht läßt nicht ahnen, daß die Polizei Rasko seinem Herrn abgenommen hat, weil er ihn fast verhungern ließ und ständig mit Prügeln bedachte. Acht Wochen lang wurde der arme Kerl im Tierheim aufgepäppelt. Als dort sein heutiges Frauchen einen Nachfolger für ihren verstorbenen Liebling suchte, erkannte sie an seinem Blick, daß er trotz roher Behandlung sein Vertrauen in die Menschen nicht verloren hatte, und nahm ihn mit nach Hause. Innerhalb von fünf Wochen hat sich dieser mächtige Bursche prächtig herausgemacht, die Muskeln spielen unter dem glänzenden Fell. Die Angst vor Schlägen hat er abgelegt, er vergöttert seine Retterin, liest ihr jeden Wunsch von den Augen ab und ist unglücklich über jedes strafende Wort. Schon nach so kurzer Zeit geht er zuverlässig ohne Leine „bei Fuß“. Rasko ist ein ruhiger Hund, der Zuwendung und Zärtlichkeit genießt. Er schlägt an, wenn jemand das Grundstück betritt, doch nimmt er jeden Gast freundlich auf, der von Frauchen empfangen wird.
Rasko ist eine gelungene Mischung zwischen dem gelassenen, ausgeglichenen Rottweiler, der unbestechlich ihm Anvertrautes beschützt, und dem lernfreudigen und vollkommen in seinem Herrn aufgehenden Schäferhund.

Prinz, der zärtliche Athlet (Abb. 13)
Hier blieb der Urlaubsflirt einer Dogo Argentino-Hündin mit dem Bayerischen Gebirgsschweißhund des Pensionswirtes im Bayerischen Wald nicht ohne Folgen. Aber was für Folgen! Prinz hat es geschafft, alle guten Eigenschaften seiner Eltern in sich zu vereinen. Er ist nicht nur bildschön, sondern auch klug und lieb.
Der Dogo Argentino ist ein eher ruhiger, etwas dickköpfiger Geselle, der Bayerische Gebirgsschweißhund ein leicht zu erziehender, lebhafter Hund. Beide sind schnell, ausdauernd und passionierte Jäger. Doch Prinz läßt sich noch zurückrufen, wenn er an eine Spur geraten ist. Natürlich darf er nicht unkontrolliert stromern, aber auf Spaziergängen braucht man keine Angst zu haben, daß er plötzlich auf Nimmerwiedersehen verschwindet.
Prinz ist ein sehr zärtlicher, liebevoller Hausgenosse, der sich besonders gut mit den Kindern versteht. Er ist wachsam und ein zuverlässiger Beschützer seiner Familie, doch nicht als scharf zu bezeichnen. Nur wenn wirklich Gefahr droht, stellt er sich zur Verteidigung.
Temperament, Intelligenz und Freude an der Arbeit mit seinem Frauchen lebt Prinz im Breitensport bei den Gehorsamsübungen, dem Langlauf, Hindernislauf und dem Slalom aus.

Abb. 13. „Prinz“.

Abb. 14. „Peppi".

Peppi mit dem Seidenfell (Abb. 14)
So was kommt in den besten Familien – sprich Zuchtzwingern – vor. Peppis Vater ist ein West Highland White Terrier, ihre Mutter eine Silberzwergpudeldame; ein Loch im Zwingerzaun führte die beiden zusammen.

Peppis Eltern kann man ihr rein äußerlich kaum ansehen. Die kurzen Beinchen stammen von Papa, das seidige Haar von der Mama, allerdings ist es glatt, wie das vom Vater. Charakterlich ist Peppi ihrer Mutter ähnlicher: sensibel, empfindsam, anschmiegsam und ganz auf Frauchen eingestellt. Das Baby liebt sie über alles. Fremde mag sie gar nicht, sie stören die Familienidylle. Das Terriererbe allerdings bricht bei ihr durch, wenn es um Artgenossen geht, die ihr das Revier streitig machen. Dann kann das kleine Persönchen böse und angriffslustig werden und stürzt sich furchtlos auf den größten Eindringling.

Peppis seidenweiches Fell braucht regelmäßige Pflege.

Abb. 15. „Bugy".

Bugy, der Collie-Basset (Abb. 15)

Wenn der Besitzer der Bassethündin nicht mit eigenen Augen gesehen hätte, wie der Collierüde die Bassethündin durch den Zaun anbetete, würde niemand eine solche Mischung für möglich halten. Alle Welpen sahen aus wie übergroße Bassets, denn von der Mutter kommen das kurze Fell und die krummen, kurzen Beine. Der Kopf ist etwas schlanker, der Hund wendiger und weniger schwerfällig als der Basset. Vom Collievater hat Bugy die Neigung, viel zu bellen; er ist sehr wachsam und lebhaft, tobt und spielt ausgiebig mit den Kindern. Von der Bassetmutter hat er allerdings den Dickkopf und eine gewisse Eigenwilligkeit geerbt. Alles in allem ist er ein lustiger Hund, robust und fröhlich, paßt auf jede Sofaecke, und das kurze Fell ist denkbar pflegeleicht. Mit dem Gehorsam hapert es ein wenig, denn er braucht eine feste Hand zur Erziehung. Voller Charme versteht er es aber, sein Frauchen immer wieder dazu zu bewegen, nachzugeben.

Timo, der Blauäugige (Abb. 16)
Kuvasz und Hovawart ergaben diese hübsche Mischung. Wer allerdings das blaue Auge hinzugesteuert hat, ist ungewiß. Timo ist noch jung und verspielt, dabei lieb und umgänglich. Er spricht schon gut auf kleine Erziehungsmaßnahmen an, ist nicht ganz so selbständig und selbstbewußt wie der Ungarische Hirtenhund, sondern eher fröhlich und umgänglich wie der Hovawart. Noch ist er sehr menschenfreundlich; wenn er dem Vater Hovawart nachschlägt, wird dies so bleiben, während der Kuvasz eher mißtrauisch Fremden gegenüber ist. Ein sicherer Wächter und Beschützer wird er in jedem Falle werden.
Sein schlichtes, mittellanges Haarkleid ist wetterfest und pflegeleicht.

Drum prüfe, wer sich ewig bindet...

Ein Hundeleben dauert leider nicht ewig, doch 10 bis 15 Jahre können zur Unendlichkeit werden, wenn das Verhältnis zwischen Hund und Mensch nicht harmonisch ist. Deshalb sollte man einen neuen Hausgenossen nur dann anschaffen, wenn man sich gründlich überlegt hat, ob man die Mühen der Tierhaltung wirklich in Kauf nehmen möchte.

Der Kostenfaktor

Auch der gesündeste Hund muß hin und wieder zum Tierarzt. Er braucht jährlich seine Schutzimpfungen und Wurmkuren. Jeder Hund kann sich verletzen und braucht dann tierärztliche Hilfe. Und wenn Sie Ihren Vierbeiner lieben, werden Sie den Arzt aufsuchen, wann immer Sie das Gefühl haben, daß sich Ihr Hund nicht wohl fühlt. Bei einer Hündin kommen eventuell Hormonbehandlungen hinzu, um die Läufigkeit zu unterbinden. Tierarzthonorare sind ein nicht zu unterschätzender Kostenfaktor!
Jährlich müssen Steuern bezahlt werden, die in manchen Großstädten empfindlich hoch sind. Auch eine Hundehaftpflichtversicherung ist unumgänglich. Selbst das harmloseste Hündchen muß versichert werden, denn nicht das Risiko, daß es jemanden beißen könnte und Sie eine Hose ersetzen müssen, ist der Grund, sondern daß es beispielsweise auf die Straße läuft und einen Unfall verursacht, für dessen Folgekosten Sie aufkommen müssen.
Die Futterkosten hängen ab von der Größe des Hundes und den Möglichkeiten der Futterbeschaffung. Wenn Sie gezwungen sind, Fleisch für Ihren Liebling beim Metzger zu kaufen, dann würde ich Ihnen von einem doggengroßen Hund abraten – zwei bis drei Pfund Fleisch am Tag schlagen erheblich zu Buche. Die Anschaffungen für einen Hund sind verhältnismäßig gering. Haarbürsten aus dem Supermarkt tun ihre

Abb. 16. „Timo".

Dienste genauso wie teure Bürsten aus dem Fachhandel. Zwei schwere Steingutnäpfe sind erschwinglich. Was Sie für Halsband und Leine ausgeben, bleibt Ihnen überlassen, es gibt teure Schmuckbänder und einfache Ketten. Auch bei der Ausstattung des Lagers Ihres Hundes haben Sie einen großen Kostenspielraum: Sie können preiswert selbst etwas Passendes basteln oder ein luxuriöses Hundeheim kaufen.

Kind und Hund

Kinder mit einem Hund aufwachsen zu lassen ist eine wunderschöne Erfahrung für ein Kind, die es sein Leben lang prägen wird. Sie sollten sich aber darüber im klaren sein, daß ein Hund für eine Hausfrau mit kleinen Kindern eine ungeheure Mehrbelastung bedeutet und nur dann Freude macht, wenn die Mutter es versteht, Kind und Hund in sinnvoller Weise einander näherzubringen. Auch bei Hunden, die Kinder lieben, ist immer ein wachsames Auge angebracht, um Mißverständnissen zwischen Kind und Hund vorzubeugen, die letztlich für das Kind eine Gefahr darstellen können. Junge Mütter sind oft mehr auf Hygiene bedacht als sonst. Ein Hund bringt Schmutz in die Wohnung, verliert Haare, wälzt sich auch mal in Unrat – kurz, wer großen Wert auf Sauberkeit legt, wird unter dem Vierbeiner leiden.

Auch von einem etwa 10jährigen Kind kann man nicht erwarten, daß es sich alleine um den Hund kümmert und die volle Verantwortung für ihn trägt. Bei einem etwa 15jährigen Jugendlichen ist das schon eher möglich, aber bedenken Sie, daß der Hund in der Regel auch dann noch im Hause sein wird, wenn Ihr Kind „flügge" geworden ist und die Familie verlassen hat. Dem Kinderwunsch nach einem Hund sollte man also nur nachgeben, wenn sich die *ganze* Familie einen Hund wünscht, insbesondere aber die Hausfrau, die die Mehrbelastung durch dieses neue Familienmitglied zu tragen hat.

Abb. 17. Sandra und „Timmy" – die besten Freunde.

Der Zeitfaktor

Zeit ist heute teures Gut, und Zeit müssen wir reichlich auf unseren Vierbeiner verwenden. Wer ganztags berufstätig ist, sollte auf einen Hund besser verzichten. Es ist schlichtweg Tierquälerei, einen Hund den ganzen Tag in der Wohnung alleine zu lassen. Als Meutetier braucht er Gesellschaft, wenn er nicht seelisch verkümmern soll, ganz zu schweigen von der gesundheitlichen Belastung, die dadurch entsteht, daß der Hund den ganzen Tag einhalten muß. Auch ein Betreuer, der sich zwischendurch um den Hund kümmert, ist keine ideale Lösung, denn Sie laufen dabei Gefahr, daß der Hund sich diesem mehr anschließt als Ihnen. Wenn Sie unter keinen Umständen auf einen Hund verzichten wollen und ein Haus mit einem großen Garten besitzen, dann trennen Sie einen Teil davon ab, bauen eine wetterfeste Hundehütte und kaufen zwei Hunde, die sich miteinander beschäftigen können. Bedenken Sie aber, daß zwei Hunde doppelte Kosten und Pflege sowie Erziehungsaufwand bedeuten.

Wenn Sie lediglich wenige Stunden täglich

außer Haus sind, läßt sich eine Hundehaltung recht gut verantworten. Aber selbst wenn Sie den Hund den ganzen Tag um sich haben können, müssen Sie Zeit für ihn aufwenden. Fast alle Hunde lieben Spaziergänge heiß und innig. Hunde müssen laufen, nicht nur um sich zu bewegen, sondern auch als eine Art geistige Anregung und Kontaktpflege mit Artgenossen.
Je nach Haarart Ihres Vierbeiners müssen Sie täglich Zeit für die Pflege einplanen. Vor allen Dingen erfordert die Erziehung Ihres Hausgenossen Sorgfalt und Zeit.

Wohnort

Eine weitere Voraussetzung für die Hundehaltung ist die Lage Ihres Wohnortes: In der Innenstadt können Sie einen Hund zwar daran gewöhnen, sich im Rinnstein zu lösen, jedoch ist dies nicht ganz ungefährlich an verkehrsreichen Straßen. Ein Hund, der seine ganze Frischluft auf eben diesen Straßen tanken muß, ist arm dran, denn seine Nase befindet sich genau in Höhe der Auspuffrohre und bekommt den größten Teil der ungesunden Abgase mit. Frei laufen und toben darf er dann nur, wenn Sie mit ihm zum nächsten Park oder hinaus ins Grüne fahren. Wollen Sie das täglich tun, bei jedem Wetter, das ganze Jahr über? In der Großstadt ohne Auslaufmöglichkeit wäre nur ein Zwerghund vertretbar, dem Sie in der Wohnung im Spiel Bewegung verschaffen können. Wenn Sie allerdings in unmittelbarer Nähe eines großen Parks wohnen, läßt sich auch in der Stadt ein größerer Hund gut halten.
Ein mittelgroßer oder größerer Hund darf es auch sein, wenn Ihre Wohnung klein ist, Sie aber die Möglichkeit haben, täglich zwei Stunden mit ihm auf nahegelegenen Feldern und Wiesen zu laufen. Zu Hause wird er dann schlafen wollen und auch sonst ausgeglichen sein.
Für einen schäferhundgroßen oder größeren Hund sollten Sie schon eine geräumige Wohnung, am besten ein Haus mit Garten haben. Ein solches „Kalb" kann in einer kleinen Dreizimmerwohnung sehr lästig werden. Versprechen Sie sich jedoch nicht zuviel vom Garten. Ein kleiner Ziergarten z. B. wird rasch eine unansehnliche Wüstenei sein, wenn sich Ihr Hund dort aufhalten soll. Sorgfältig gepflegte Beete und Blumenrabatten muß man durch kleine Zäune vor den zerstörenden Hundepfoten retten, der Rasen wird leiden, weil der Hund Laufspuren legt und sein Bächlein häßliche Flecken verursacht. Viele Pflanzen sind gegen Urin empfindlich und gehen ein, wenn Fifi täglich sein Bein daran hebt. Sind Sie also ein Gartenfan und möchten es bleiben, überlegen Sie es sich zweimal, ob sich dies mit dem Wunsch nach einem Hund vereinbaren läßt. Ein großer Garten erspart Ihnen keineswegs das Gassi Gehen, denn den notwendigen Auslauf verschafft sich ein Hund nicht von alleine.

Welcher Hund für mich?

Ein Mischlingshund soll es sein? – Bravo, Sie werden es nicht bereuen. Allerdings ist es gar nicht so leicht, den passenden Typ für sich zu finden, denn man kann nicht einfach in einem Buch über Hunderassen nachschlagen, um auszusuchen, welche Rasse einem zusagt. Der Mischlingshund vereinigt in sich oft die gegensätzlichsten Rassen, so daß man kaum voraussagen kann, welche Charaktereigenschaften er aufweist, vor allen Dingen, wenn die Eltern unbekannter Herkunft sind. Dennoch gibt es einige grundsätzliche Dinge, die man beachten kann:

Zwerghunde und *kurzbeinige Hunde* eignen sich besser für ältere Menschen und solche, die eine kleine Wohnung haben und nicht viel ausgehen können. Diese Hunde sind meist sehr zärtlich und anschmiegsam und bereiten in der Erziehung keine Probleme. Ein ungezogener kleiner Hund ist weniger problematisch als ein verwöhnter Schäferhundmischling.

Mittelgroße Hunde sind meist sehr lauffreudig und lebhaft. Sie brauchen viel Bewegung und sind sehr gelehrig und umgänglich. Da sie der menschlichen Körperkraft unterlegen sind, kommt man wahrscheinlich auch ohne strenge Erziehungsmaßnahmen aus. Wenn Sie also zu den Menschen gehören, die dazu neigen, ihren Hund zu verwöhnen, sollten Sie hier Ihre Grenze ziehen.

Schäferhundähnliche Hunde dürften ausgesprochen wachsam sein und viel Bewegung und Beschäftigung brauchen. Eine gute Ausbildung ist angebracht. Meist sind diese Hunde sehr menschbezogen, lernfreudig und brauchen eine Aufgabe. Die Erziehung ist wenig problematisch, doch sie muß konsequent durchgeführt werden, besonders wenn der Hund eine gute Portion Schärfe besitzt.

Jagdhundähnliche Hunde besitzen wahrscheinlich eine starke Jagdpassion. Gepaart mit der Schärfe eines Schäferhundes sind diese Mischlinge oft die übelsten Wilderer. Jagdpassion muß gezügelt werden, was nicht einfach ist. Ist man absoluter Laie auf dem Gebiet der Hundehaltung und Erziehung, sollte man sich gut überlegen, ob man in der Lage ist, diese meist sehr temperamentvollen Vierbeiner halten zu können. In wald- und wildreicher Gegend ist ein solcher Hund ein Problem.

Ähnliches gilt für *Windhundmischlinge.* Möglicherweise überwiegt der angeborene Hetztrieb, der Hund ist nur schwer zu erziehen und sehr selbständig, man kann ihn kaum jemals bei einem Spaziergang von der Leine lassen. Im Hause sind diese Tiere meist sehr ruhig und angenehm und zärtliche Hausgenossen. Erziehungsdrill ist ihnen verhaßt, sie fügen sich auch ohne Zwang in das Familienleben ein.

Große und schwere Hunde, die an einen Neufundländer oder Leonberger erinnern, sind als erwachsene Tiere meist ruhig, gutmütig und ausgeglichen. Ihr Drang zum Spazierengehen ist mäßig. Sie sind zuverlässige Wächter, jedoch keine Kläffer. Unter ihnen sind oft die liebevollsten Kinderhüter zu finden. Man sollte solchen Hunden entsprechende Körperkraft entgegensetzen können. Sie neigen möglicherweise zur Sturheit, deshalb muß man eine gute Portion Durchsetzungsvermögen haben.

Hirtenhundtypen (z.B. Bobtail, Kuvasz) ist meist eine gewisse Unabhängigkeit eigen. Ihre Persönlichkeit läßt sich nicht so ohne weiteres beugen. Sie versuchen gern, sich ihrem Herrn gegenüber durchzusetzen. Da sie zudem oft sehr temperamentvoll sind, sollten sie nicht in Anfängerhände gehen. Haben die beiden letztgenannten Mischlingstypen ein Elternteil, das Schärfe einbringt und sich rasch aus der Ruhe in Angriffsstimmung bringen läßt, können große und starke Tiere zur Gefahr werden. Wenn man sie jedoch zu führen versteht, sind unter ihnen die zuverlässigsten und schönsten Tiere anzutreffen.

Kurzhaarige Hunde (z. B. Dalmatiner, Dobermann) sind pflegeleicht und tragen wenig Schmutz in die Wohnung. Sie sind allerdings hitze- und kälteempfindlicher als stockhaarige oder langhaarige Hunde. Zwar sieht man kurze Haare kaum auf Teppichen und Möbeln, doch sind sie schwerer zu entfernen, da sie sich in die Textilien einbohren.

Stockhaarige Hunde (z. B. Deutscher Schäferhund, Labrador Retriever, Rottweiler) sind ebenfalls problemlos in der Pflege. Da sie ein doppeltes Haarkleid besitzen, das aus dem nässeabweisenden Deckhaar und der isolierenden Unterwolle besteht, sind sie die witterungsunempfindlichsten Hunde. Abgesehen davon, daß ein Hund das ganze Jahr über Haare verliert, wechseln die stockhaarigen Hunde im Frühjahr und Herbst ihr Fell. Die reiche Unterwolle fliegt in Büscheln durch die Wohnung, haftet an Teppichen und Polstern, verunziert Ihre Kleidung. Für eine empfindliche Hausfrau kann ein stockhaariger Hund zur Plage werden. Möchten Sie jedoch Ihren Hund hauptsächlich im Freien halten, ist der stockhaarige Hund ideal.

Rauhhaarige Hunde (z. B. Schnauzer, Foxterrier, Deutsch-Drahthaar) sind ebenfalls sehr witterungsunempfindlich und pflegeleicht. Der Haarwechsel ist bei ihnen weniger problematisch als bei Stockhaar oder Langhaar.

Langhaarige Hunde (z. B. Collie, Afghane) sind eine Pracht. Es gibt viele Menschen, die es lieben, Hunde zu kämmen und zu bürsten. Lange Hundehaare lassen sich leichter entfernen als kurze, ein feuchtes Leder fegt sie spurlos hinweg, auch der Staubsauger nimmt sie gut auf. Aber: Langhaarige Hunde bringen Schmutz in die Wohnung! Je nach Beschaffenheit des Haares, das von derb bis seidig reichen kann, muß häufig gekämmt und gebürstet werden.

Abb. 18. Dieser bildschöne Mischling, „Krümel" mit Namen, ist ein Urlaubsmitbringsel von Santorin. Seine Mutter ist eine griechische Laufhündin, Vater unbekannt.

Zotthaarige Hunde (Bobtail, Pudel) sehen, wenn sie nicht täglich gebürstet werden, rasch ein wenig ungepflegt aus. Schmutz haftet in den Haaren und läßt sich oft nur mühevoll entfernen. Die Sauberkeit eines solchen Hundes ist ein Problem. Tägliches Bürsten ist hier unerläßlich. Wenn sich ein „Überraschungswelpe" zu einem zotthaarigen Ungeheuer entwickelt hat, ist es besser, ihn scheren zu lassen, als zu verzweifeln und einen schmutzig verfilzten Hund ins Tierheim abzuschieben. Leider denken die meisten Betroffenen nicht an diese so simple Möglichkeit.

Das gleiche gilt auch für extrem seidenhaarige Hunde, deren Haar leicht verfilzt.

Rüde oder Hündin?

Der Fortpflanzungstrieb ist beim Hund sehr ausgeprägt. Hündinnen werden ab dem neunten Monat in der Regel alle sechs Monate läufig oder heiß. Die Hitze dauert etwa drei Wochen. Da sich viele Hündinnen sauber halten oder nur geringfügig bluten, kann man den Beginn der Empfängnisbereitschaft leicht übersehen; deshalb sollte die Hündin in den gesamten drei Wochen beaufsichtigt und von Rüden ferngehalten werden. Während der ganzen Zeit leckt sich die Hündin häufig in der Schamgegend

und versucht, zur Zeit der Empfängnisbereitschaft ihrem Instinkt folgend, durchzubrennen und einen Partner zu finden. Bei Spaziergängen legt die Hündin eine Duftspur für die Rüden, sie uriniert deshalb häufiger als sonst. Mit Sprays und Chlorophylltabletten kann man den für uns nicht wahrnehmbaren, für den Rüden dafür umso verlockenderen Duft mindern, doch sollte man sich nicht allzu sehr darauf verlassen, denn die Gebärden der Hündin genügen, um dem Rüden klarzumachen, was sie von ihm will.
Rüden bringen Probleme, wenn viele Hündinnen in der Nachbarschaft leben. Liebeskranke Rüden fressen tagelang nicht, sitzen jaulend vor der Tür und haben nichts anderes im Sinn, als zu ihrer Angebeteten zu gelangen. Das kann u. U. lästiger sein als die Hitze einer Hündin, die zeitlich begrenzt ist.

Zum Verhalten des Rüden gehört es, an markanten Stellen sein Bein zu heben und eine Duftmarke für andere Rüden zu hinterlassen. Erziehung kann einem übertriebenen Markierungstrieb Einhalt gebieten, doch es ihm ganz zu verbieten würde an Tierquälerei grenzen. In der Stadt beim Einkaufen z. B. kann man verlangen, daß er sich zusammennimmt, bei den täglichen Spaziergängen hingegen sollten wir ihm diese Freiheit lassen.
Daß Hündinnen verschmuster sein sollen als Rüden, kann nicht verallgemeinert werden. Hündinnen sind in der Regel leichter zu erziehen, weil sie weniger stark auf Rudelführung bedacht sind als ein starker Rüde. Es kann aber auch einmal umgekehrt sein.
Mein Rat: Wenn Sie die Wahl haben, nehmen Sie den Hund, den Sie auf Anhieb ins Herz schließen.

Anschaffung

Die vorgegangenen Kapitel haben Ihnen in etwa Hinweise zu geben versucht, worauf Sie vor der Anschaffung eines Hundes achten sollten. Nun stehen wir vor der Frage, woher man einen Mischlingshund bekommt. Im „Tiermarkt" der Tageszeitung sind oft Annoncen zu lesen, über die „unfreiwillige Züchter" versuchen, die Kinder ihrer Hündin an den Mann zu bringen. Manchmal werden Mischlingshunde auch in den Zooabteilungen der Kaufhäuser oder in den Großanzeigen der Hundehändler, die sich oft Züchter nennen, aber in Wirklichkeit nur Hunde wiederverkaufen, angeboten. Diese erkennt man daran, daß sie mehrere Rassen auf einmal zum Verkauf anbieten. Der einfachste und üblichste Weg ist jedoch der zum Tierheim.
Wo Sie sich auch hinwenden, Sie tun ein gutes Werk, einen solchen Hund aufzunehmen. Nur habe ich bei den erwerbsmäßigen Händlern/Züchtern den Einwand, daß die Nachfrage das Angebot regelt, also jeder verkaufte Hund einen neuen nach sich zieht. Man heizt das Geschäft sozusagen an, deshalb lehne ich einen Kauf dort ab.

Abb. 19. Auch so kann man „auf den Hund kommen": „Senta" wurde auf der Autobahn ausgesetzt gefunden.

Bei Privatleuten einen Mischlingswelpen zu kaufen hat den Vorteil, daß man wenigstens die Mutter kennenlernen kann. Vielleicht kennt man auch den Vater, so daß man sich eine vage Vorstellung davon machen kann, was aus dem Welpen einmal werden könnte. Dazu hat ein *Welpe* den Vorteil, daß man ihn den eigenen Wünschen entsprechend aufziehen kann und er sich problemloser in seine neuen Verhältnisse einfügt als ein älterer Hund, dessen Vergangenheit wir nicht kennen. Welpenaufzucht macht viel Spaß, aber auch sehr viel Mühe.

Gehen Sie jedoch nicht an älteren Hunden vorüber. Sie haben es viel schwerer, ein gutes Heim zu finden, einfach deshalb, weil sie nicht mehr „so niedlich" sind. Dabei kann ein erwachsener Hund, der aus guten Familienverhältnissen kommt, ein sehr glücklicher Kauf sein, mit dem man wenig Mühe hat, abgesehen von der Eingewöhnungszeit, die man jedem Neuankömmling zugestehen muß. Erwachsene Hunde haben den Vorteil, daß man sieht, was man bekommt: Größe, Haarlänge, Charakter etc.

Der Gang ins Tierheim

ist immer eine unerfreuliche Angelegenheit, doch wenn es auch ein älterer Hund sein darf, dann sollten Sie zuerst versuchen, dort Ihren neuen Hausgenossen zu finden. Viele Augen blicken Ihnen durch die Zwingergitter entgegen: traurige, freundliche, böse, ängstliche, hoffnungslose. Man weiß nicht, welchen man wählen soll, alle verdienen ein liebevolles Heim. Die wütend Bellenden schrecken meist ab, doch Sie sind fremd, und fremde Menschen müssen für einen Hund nicht nur Gutes bedeuten. Auch diese Kandidaten sind der Beachtung wert, denn wenn man mit ihnen Freundschaft geschlossen hat, sind sie oft die treuesten. Bewahren Sie trotz des Elendes einen klaren Kopf, denn es geht um Ihre gemeinsame Zukunft, die gut vorbereitet werden will und nicht durch spontane Handlungen, die Sie später vielleicht bereuen, getrübt werden soll.

Am besten machen Sie sich eine Liste der Merkmale, die Ihnen wichtig sind oder die der Hund auf keinen Fall haben soll. Der Betreuer kennt seine Hunde und kann Ihnen gezielt in Frage kommende Tiere vorstellen. Auch er ist interessiert, den richtigen Herrn für den Hund zu finden. Haben Sie sich für einen Hund entschieden, lassen Sie sich soviel wie möglich über das, was von seiner Vergangenheit bekannt ist, sagen. Jedes Detail ist wichtig, kann Mißverständnissen vorbeugen und Ihren gemeinsamen Start erleichtern.

Wenn Sie keine Hundeerfahrung haben, nehmen Sie nur dann einen erwachsenen Hund, wenn Sie ihm körperlich gewachsen sind. Wählen Sie einen unkomplizierten und keinen Problemhund. Ausgesprochen scheue oder aggressive Hunde kann man vielleicht in ein normales Verhalten eingewöhnen, doch dazu muß man etwas vom Umgang mit Hunden verstehen. Kritisch kann es werden mit ängstlichen und unsicheren Kandidaten, mit Hunden, die vorwiegend im Zwinger gehalten wurden, mit Jungtieren zwischen dem fünften und siebten Lebensmonat, da in dieser Zeitspanne beim Hund meistens eine Unsicherheitskrise auftritt, in der man keinen Milieuwechsel vornehmen sollte. Beurteilen Sie einen Hund nie nach seinem Verhalten hinter Gittern.

Wenn Ihnen ein Kandidat zusagt, bitten Sie den Verwalter, den Hund frei im Hof laufen zu lassen. Sie können beobachten, wie sich der Hund verhält, ob er Kontakt mit Ihnen knüpfen möchte. Die meisten freuen sich über Besucher, so daß Sie freie Wahl haben unter den Hunden, die gerne mit Ihnen gehen möchten. Vielleicht erlaubt Ihnen der Pfleger, den Hund ein paar Tage hintereinander spazierenzuführen, damit Sie sich gegenseitig kennenlernen können. Erfahrungsgemäß freuen sich die Hunde schon nach kurzer Zeit riesig über denjenigen, der mit ihnen ausgeht.

Sie können davon ausgehen, daß Hunde in Tierheimen tierärztliche Betreuung genießen und nur gesunde und geimpfte Hunde zum Verkauf freigegeben werden. Beim privaten Züchter oder Händler ist dies nicht immer gewährleistet. Beim Kauf eines Welpen sollten Sie darauf achten, daß das Tierchen festfleischig anzufühlen ist, rosige Schleimhäute besitzt, Augen und Nase sauber sind und keinerlei Ausfluß zeigen. Das Fell soll sauber sein. Können Sie die Rippen fühlen und das Tierchen besitzt einen dicken Bauch, dann war die Aufzucht sicher nicht sehr gut und/oder das Tierchen hat starken Wurmbefall. Fröhlich und lebhaft sollen Welpen sein, unbefangen Fremden gegenüber, sich keinesfalls ängstlich und zitternd in einer Ecke verdrückt zusammenkauern. Hier ist das Risiko groß, daß Sie sich einen Problemhund einkaufen. Wenn Sie beobachten, daß die Welpen husten, ist Vorsicht geboten. Natürlich wollen auch diese armen Kerlchen ein gutes Heim, doch Sie müssen sich im klaren sein, daß einiges an Tierarztkosten auf Sie zukommen wird, bis ein kranker und schwächlicher Welpe ein gesunder Hund wird, wenn überhaupt.

Nehmen Sie sich die Zeit, die Welpen sorgfältig beobachten zu können, damit Sie keinen falschen Eindruck bekommen. Kaufen Sie keinen Welpen, der jünger ist als acht Wochen.

Sie haben nun Ihre Wahl getroffen, viel Glück! Vergessen Sie nicht nach Impfungen zu fragen und sich ggf. den Impfpaß aushändigen zu lassen. Gehen Sie auf jeden Fall sofort mit dem Neuankömmling zum Tierarzt, denn aller Wahrscheinlichkeit nach braucht der Welpe als erstes eine Wurmkur und evtl. weitere Impfungen. Der Tierarzt kann Ihnen auch sagen, ob der Welpe ansonsten gesund ist oder ob er helfend eingreifen muß.

Der Weg nach Hause

Für den Fall, daß der Hund Autofahren nicht verträgt, nehmen Sie reichlich Zeitungen und Papiertücher mit, um Mißgeschicken vorzubeugen. Zuhause gönnen Sie dem Neuankömmling erst einmal Ruhe. Er soll sich seine neue Umgebung erschnüffeln. Neugierige Besucher sind jetzt fehl am Platz. Zeigen Sie ihm seinen Schlaf- und Eßplatz und lassen ihn in Ruhe. Beim Welpen gilt es, ein aufmerksames Auge auf ihn zu haben, falls er sich lösen muß. Beim erwachsenen, meist schüchternen und verwirrten Neuankömmling kann es einige Zeit dauern, bis er sich heimisch fühlt und weiß, daß er zur Familie gehört. Dringen Sie nicht in ihn ein oder zeigen sich enttäuscht, wenn er zunächst nichts von Ihnen wissen will und trauert. Reden Sie freundlich mit ihm, streicheln, loben und füttern Sie ihn und gehen Sie mit ihm aus. Unterlassen Sie jedoch jegliche unnötige Belastungen oder Dressurakte. Natürlich darf der Hund keine Narrenfreiheit haben, zeigen Sie ihm ohne Zwang und Härte, was er darf und was nicht. Lassen Sie ihn z. B. nicht auf das Sofa steigen, wenn Sie vorhaben, es ihm später zu verbieten.
Achten Sie darauf, daß der Garten fest eingezäunt ist und er nicht weglaufen kann, solange er noch keine Bindung zu Ihnen hat. Auch wenn er gehorsam erscheint, lassen Sie ihn die ersten Wochen nicht von der Leine.

Im neuen Heim

Der Schlafplatz

Richten Sie Ihrem Hund in einer zugfreien Ecke der Wohnung, von wo aus er das Familienleben zwar beobachten kann, jedoch ungestört ist, den Schlafplatz ein. Für einen kleinen Hund gibt es eine Vielzahl an Körbchen und Hundebetten im Handel, für große Hunde zimmert man am besten einen Lattenrost auf ca. 10 cm hohen Beinen. Darauf kommt eine Matratze mit auswechselbarem, waschbarem Bezug. Dies gilt auch für einen Welpen, der groß zu werden verspricht. Für den Anfang kann man einen Karton obenauf stellen, damit er sich ein wenig gemütlicher fühlt.

Der Zwinger

Wenn Sie Ihren Hund oder Ihre Hunde zeitweise im Freien halten wollen, bauen Sie am besten einen Zwinger. Darunter versteht man ein eingezäuntes Stück Garten oder Hof, in dem der Hund absolut ausbruchsicher untergebracht ist. Der Zwinger muß teilweise überdacht sein und ein stabi-

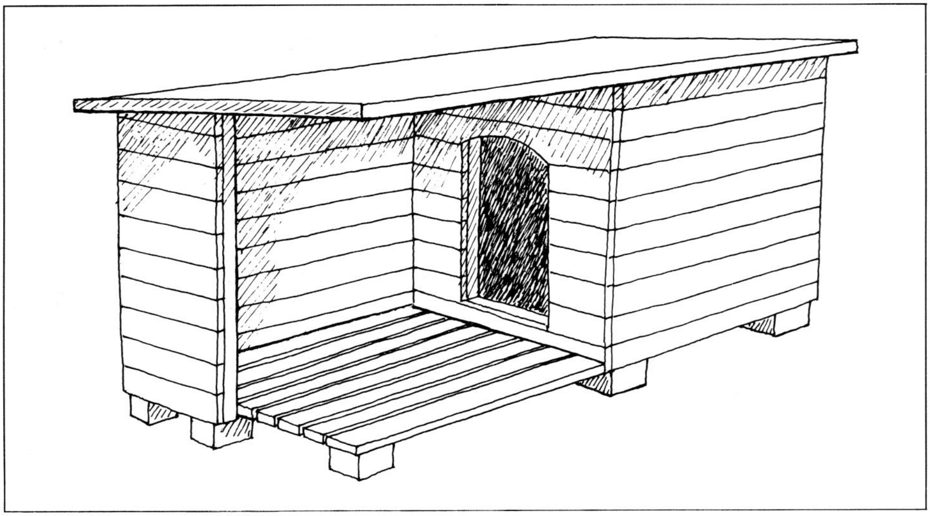

Abb. 20a. So sieht eine wetterfeste Hundehütte aus. Sie sollte – je nach Hundegröße zwischen 140 und 200 cm lang sein.

Abb. 20b. Beispiel für die Aufteilung eines Zwingers.

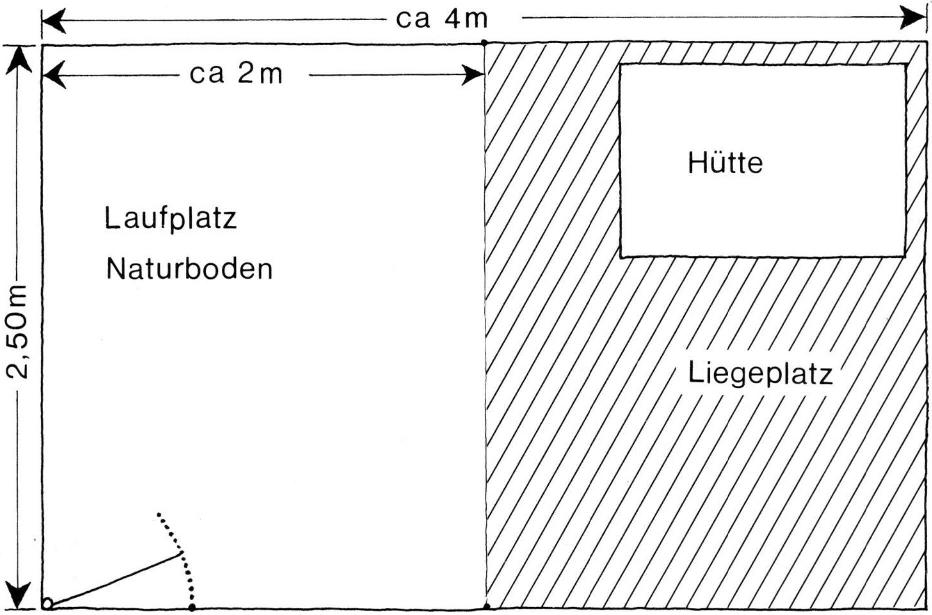

les , wetterfestes Hundehaus haben, das dem Hund Sommer wie Winter Schutz bietet. Die Hütte sollte gut isoliert sein, zur besseren Reinigung und Belüftung ein aufklappbares Dach haben und auf kleinen Beinen stehen, um aufsteigende Bodenfeuchtigkeit abzuhalten. Als Windschutz verkleidet man am besten zwei Seiten des Zwingers, die Überdachung schützt vor Regen und Sonne.
Zwingerhaltung ist Tierquälerei, wenn der Hund nicht wenigstens in den Abendstunden ins Haus zu Ihnen darf und Sie nicht mit ihm genauso viel und ausgiebig ausgehen, als wenn er in der Wohnung lebte.

Der Eßplatz

Futter- und Wassernapf sollten auf leicht zu reinigendem Boden stehen, da Hunde gerne kleckern. Hunde wollen in der Regel in Ruhe fressen, deshalb ist die Wohnküche einer lebhaften Familie nicht unbedingt der richtige Ort für einen Eßplatz.

Die erste Nacht

Der Welpe wird in der ersten Nacht sicherlich weinen. Entweder nehmen Sie ihn samt seinem Lager in Ihr Schlafzimmer oder Sie bleiben hart. Denn einmal im Schlafzimmer – immer im Schlafzimmer! Je weniger Aufhebens Sie von dem jaulenden Welpen machen, desto rascher wird er sich in sein Schicksal fügen. Für Welpen und erwachsene Hunde gilt in gleichem Maße, für die ersten Nächte im neuen Heim Sorge zu tragen, daß der Hund nicht frei in der Wohnung herumlaufen kann, Pfützchen macht oder sonstigen Unsinn anrichtet.

Stubenreinheit

Wie schnell Ihr Welpe stubenrein wird, hängt von Ihrer Aufmerksamkeit ab. Füttern Sie die letzte Mahlzeit etwa vier Stunden vor dem Schlafengehen, so kann sich der Welpe vorher lösen und die Nacht über aushalten. Nach dem Aufwachen, Fressen, und wenn er suchend hin und her läuft, ist ein Geschäftchen fällig. Nehmen Sie ihn hoch und befördern ihn schnellstens zu dem Platz, wo er sich lösen soll und darf. Hat er sein Geschäft gemacht, wird er in den höchsten Tönen gelobt. Befindet sich dort erst einmal eine erste Duftmarke, ist der wichtigste Schritt getan. Ist das Malheur doch einmal in der Wohnung passiert, und Sie ertappen den Welpen dabei, schütteln Sie ihn mit heftigem „Pfui" am Nackenfell und bringen Sie ihn an die erwünschte Stelle. Nasetunken und schimpfen hat keinen Sinn, ein Welpchen kann sich nicht erinnern und Vergangenes mit der Strafpredigt verknüpfen. Er wird höchstens verwirrt und handscheu und sucht sich für das nächste Mal ein Fleckchen, das Sie nicht so schnell finden. Die gröbsten, nicht wiedergutzumachenden Fehler werden in diesem Punkt schon in den ersten Tagen gemacht. Deshalb ist hier besondere Sorgfalt geboten.
Hoffen wir, daß der ältere Hund, den Sie übernommen haben, stubenrein war. Wenn nicht, müssen Sie genauso vorgehen wie mit dem Welpen, aber es wird ein gutes Stück Arbeit werden! Einmal angenommene Gewohnheiten sind nur schwer abzuerziehen. Beobachten Sie, wo sich der Hund am besten löst. Manche sind an den Garten gewöhnt und halten bei Spaziergängen ein, bis sie wieder zu Hause sind. Das ist die Folge von „Faulheit" bei der

Welpenerziehung, man setzte ihn der Bequemlichkeit halber zum Pipimachen in den Garten... Andere Hunde weigern sich hartnäckig, auf Beton zu machen, weil sie Gras gewöhnt sind oder umgekehrt.

Halsband und Leine

Für einen kleinen Welpen kaufen Sie ein Lederbändchen, das nicht zu fest sitzt, aber fest genug, damit er nicht herausschlüpfen kann. Es sollte sich so weit schnallen lassen, daß es ihm einige Zeit paßt. Bei einem Welpen, der zu einem größeren Hund heranwachsen wird, kaufen Sie zunächst eine grobgliedrige Kette, in deren Glieder man den Haken der Leine stets der Halsweite angepaßt einhaken kann. Beim erwachsenen Hund sind Kettenhalsbänder ideal, die sich nur so weit zuziehen lassen, daß der Hund nicht ersticken kann, sich aber nicht befreien kann. Es gibt sie in allen Größen und Ausführungen für kleine und große Hunde.

Langhaarige Hunde, die an der Leine zerren, haben meist einen kahlgescheuerten Ring um den Hals. Schonender als Ketten sind rundgenähte Lederwürger, aber sie sind teuer. Ein Hund, der ordentlich bei Fuß geht, wird auch unter einer Kette nicht zu leiden haben.

Bei einem kleinen Hund genügt eine einfa-

Abb. 21. Halsband, Leine, Kamm, Bürste und Futternapf – dies alles gehört zur Grundausstattung bei der Neuanschaffung eines Hundes.

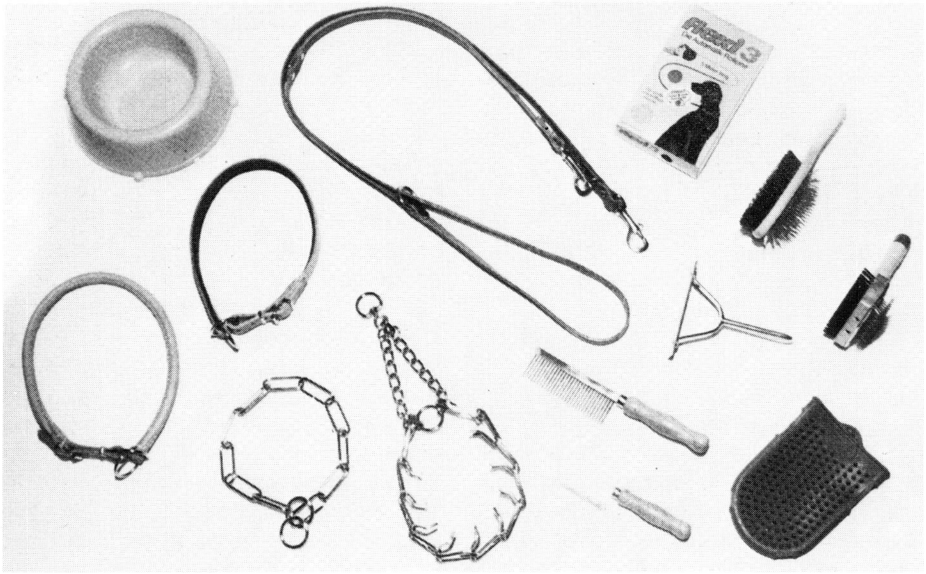

che Lederleine passend zum Halsband; praktisch sind auch die Aufrolleinen, die lange Leinenfreiheit gewähren, ohne daß der Hund losgemacht werden muß. Für größere und stärkere Hunde kauft man eine stabile Lederleine, mit der man den Hund stets sicher im Griff hat.

Spielzeug

Hunde wollen spielen, ganz besonders Welpen. Gummibälle, die zerbissen und verschluckt werden können, sind sehr gefährlich, ebenso Kinderspielzeug und Stofftiere, die der Hund im Handumdrehn in Einzelteile zerlegt hat. Verschluckte Glasaugen, Drahtstücke, Plastikteile können zum qualvollen Tod führen. Elektrokabel dürfen für den jungen Hund nicht erreichbar sein. Grundsätzlich sollten Sie alles vom Hund fernhalten, was auch einem Kleinkind gefährlich werden könnte. Ein zusammengeknoteter Strumpf, ein alter Schuh ohne Schnallen und Knöpfe, Fellreste, alte Handtücher, Lebensmittelkartons (mit lebensmittelechter Farbe bedruckt und ohne Plastikzusätze) oder Büffelhauterzeugnisse sind ungefährlich und bieten dem Junghund genügend Abwechslung, bis er aus dem Knabberalter heraus ist.

Radfahren

Mittelgroßen und größeren Hunden können Sie am besten Auslauf verschaffen, indem Sie sie am Rad nebenherlaufen lassen. Fahrradtraining beginnt beim einjährigen Hund auf einem ruhigen Weg. Schieben Sie das Rad zwischen sich und dem angeleinten Hund, bis er es zur Kenntnis genommen hat. Das geht ein paar Tage so. Dann steigen Sie auf und fahren vorsichtig los. Fahren Sie ihn ruhig sanft an, wenn er vor das Rad läuft, damit er merkt, daß er das nicht darf. Der Hund soll dem Rad im lockeren Trab folgen können, langsamer oder schneller ist für den geborenen Traber auf längere Strecken ungesund. Führen Sie den Hund am Rad stets rechts, damit er auf befahrenen Wegen und Straßen nicht auf der Seite der Autos läuft.

Üben Sie zunächst an ruhigen Plätzen, später auch dort, wo Menschen und Hunde auftauchen. Verlangen Sie ,,Fuß" und reden ihm gut zu, damit er sich nicht um Passanten kümmert.

Schnell wird er lernen, ruhig am Rad zu laufen. Halten Sie die Leine immer in der Hand, wickeln Sie sie nie um Lenkstange oder Handgelenk. Denn Sie müssen sie sofort loslassen können, wenn etwas Unvorhergesehenes passiert.

Vor einer Radtour geben Sie dem Hund reichlich Gelegenheit sich zu lösen und zu schnüffeln. Die ersten Touren sollten nicht länger als zehn Minuten dauern, denn weder Fußballen noch Muskulatur sind diese Beanspruchung gewöhnt. Auf Asphalt laufen sich die Pfoten rasch wund, wenn sie bisher nur weichen Boden kannten. Ganz allmählich verlängern Sie die Strecken, beim trainierten Hund sind zehn Kilometer ohne wesentliche Anstrengung durchaus möglich, aber es dauert seine Zeit, bis der Hund diese Kondition hat. Bei längeren Strecken unterbrechen Sie ab und an und lassen dem Hund Zeit zum Lösen und Spielen. Bei heißem Wetter fahren Sie natürlich in den kühlen Tagesstunden, am besten morgens. Nehmen Sie eine Flasche Wasser und einen Napf mit, damit der Hund unterwegs trinken kann.

Umgang mit fremden Hunden

Nichts ist unangenehmer als ein Raufer, der mit jedem Geschlechtsgenossen Streit anfängt. Wenn Sie einen Welpen bekommen, geben Sie ihm Gelegenheit, mit fremden Hunden, die Sie beim Spaziergang treffen, zu spielen und zu toben. Da es leider auch verhaltensgestörte Hunde gibt, die sich nicht an die Regeln halten und Welpen gegenüber aggressiv werden, fragen Sie vorher den Besitzer, ob sein Hund verträglich ist. Der Junghund sollte soviel Kontakt mit Artgenossen haben wie möglich, um sich in hündischen Spielregeln zu üben. Wenn Sie einen erwachsenen Hund bekommen, der gerne rauft, unterbinden Sie dies von Anfang an mit höchster Strenge. Wir sollten nicht dulden, daß unser Hund die Hausgenossen unserer Mitmenschen verletzt oder gar tötet. Irgendwann trifft auch unser Hund auf einen Stärkeren und wird zu leiden haben.

Hund und Auto

Autofahren sollte für jeden Hund eine angenehme Erfahrung sein, denn ein speichelnder, sich erbrechender Hund im Auto ist eine leidige Angelegenheit. Die ersten Fahrten sind entscheidend. Fahren Sie ruhig, nehmen Sie Kurven sanft, damit ihm gar nicht erst schlecht wird. Fahren Sie zur Gewöhnung selbst die kleinsten Strecken mit dem Auto, z.B. vom Haus zum Waldrand zum Spaziergang oder zum Metzger, wo ein Leckerbissen winkt. Der Hund wird rasch lernen, daß das Autofahren mit einem angenehmen Abschluß verbunden ist. Nützen alle Bemühungen nichts, lassen Sie sich vor längeren Reisen vom Tierarzt Reisetabletten mitgeben.

Vergessen Sie nicht, das Auto im Schatten zu parken und den Lauf der Sonne vorzuberechnen. Lassen Sie immer ein Fenster einen Spalt breit offen, da Hunde sehr viel Sauerstoff brauchen.

Hund und Urlaub

Nehmen Sie Ihren Hund mit in Urlaub, sollten Sie einen Ort wählen, der auch Ihrem Hund zuzumuten ist. Einen reinen Badeurlaub am heißen Strand oder gar eingesperrt im Hotelzimmer oder Wohnwagen zu verbringen dürfte für keinen Hund ein Vergnügen sein. Die meisten Badestrände verbieten ohnehin Hunde. Gemäßigtes Klima mit viel Auslaufmöglichkeit eignet sich für Hundeurlauber am besten. Melden Sie den Hund in jedem Falle mit an, sei es Hotel, Pension, Ferienhaus oder Campingplatz, wenn Sie böse Überraschungen vermeiden wollen. Packen Sie Handtücher, Pflegeutensilien, Näpfe, möglichst das gewöhnte Futter und seine Decke ein. Für die Anreise immer einen Napf mit frischem Wasser bereit halten und öfter Pausen zum Lösen und Trinken machen.
Erkundigen Sie sich bei Auslandsreisen rechtzeitig nach den Einreisebestimmungen: Die meisten Länder verlangen eine Tollwutschutzimpfung, die nicht älter als ein Jahr und nicht jünger als 30 Tage sein darf, evtl. noch eine amtstierärztliche Bescheinigung oder zusätzliche Impfungen. England und Skandinavien erlauben die Einreise von Hunden nur nach einer monatelangen Quarantäne. In manchen Ländern herrscht Maulkorbzwang.
In der Bahn reisen Hunde zum halben Fahrpreis im Abteil, sofern sich Mitreisende nicht beschweren, ansonsten muß der

Abb. 22. Der Ort für einen Urlaub mit Hund will sorgfältig ausgesucht sein.

Hund in das Gepäckabteil. Bei Flugreisen muß frühzeitig gebucht werden.
Wollen Sie Ihren Hund nicht mit in Urlaub nehmen, versuchen Sie es mit einer guten Hundepension. Doch sei vorweg gesagt, daß sich nicht alle Hunde dafür eignen. Manche leiden darunter so sehr, daß sie anschließend eine Zeitlang verstört sind. Besser ist ein ,,Pate", Freunde oder Verwandte, die Ihren Hund übernehmen. Der Hund sollte seine Urlaubseltern gut kennen und sich bei ihnen wohl fühlen. Pflegen Sie am besten den Kontakt von Anfang an und lassen den Hund ab und zu dort.

Ernährung

Der Hund ist von Hause aus Fleischfresser, was aber nicht bedeutet, daß er sich ausschließlich von Fleisch, besonders rotem Muskelfleisch ernährt. Ahnherr Wolf frißt beim Beutetier zunächst die Innereien, vor allem den Magen und Darm mit dem halb oder ganz verdauten pflanzlichen Inhalt. Erst dann macht er sich an das Muskelfleisch, später an die Haut, ganz zum Schluß werden die Knochen abgenagt. Kleine Beutetiere wie Mäuse und Kaninchen verschlingt er mit Haut und Haar. Es wurde beobachtet, daß Wölfe Beeren und Früchte aufnahmen, ja sogar Pilze; auch unsere Hunde „pflücken" gerne Brombeeren beim Waldspaziergang.

Der Hund braucht also Fleisch, aber nicht ausschließlich, und dank seiner Anpassungsfähigkeit an die Lebensverhältnisse mit dem Menschen kann er sehr gut mit einem recht großen Anteil Getreidekost leben, ja er *braucht* diese Kohlenhydrate. Bei unseren Hausgenossen, die körperlich eher zu wenig beansprucht werden, können wir beim erwachsenen Tier ein Verhältnis $1/3$ Frischfleisch zu $2/3$ Getreidekost rechnen. Für im Wachstum befindliche Hunde, tragende und säugende Hündinnen sowie sportlich arbeitende Hunde gilt in der Regel $2/3$ Fleisch und $1/3$ Getreidekost.

Die gesunde Hundekost

Sie sollten sich immer vor Augen halten, daß es billiger ist, einen Hund abwechslungsreich und gesund zu ernähren, als gedankenlos möglichst billig, denn nur ein gut ernährter Hund ist ein gesunder Hund. Bei einem robusten Tier zeigen sich Ernährungsfehler dem Laien nicht unbedingt sofort und offensichtlich, doch nach Wochen, Monaten oder erst nach Jahren treten Gesundheitsstörungen auf. Wird der Hund schwammig, bekommt ein stumpfes Fell oder besitzt wenig Widerstandskraft gegen Krankheiten, muß die Futterzusammenstellung überdacht werden. Das Tückische an Ernährungsfehlern ist, daß kleinere Fehler zu großen Problemen führen können, die jedoch auch für den Tierarzt nur sehr schwer als ernährungsbedingt zu erkennen sind. Es lohnt sich daher, sich mit den Bedürfnissen der Hundeernährung auseinanderzusetzen. Ein gesunder, fröhlicher Hausgenosse wird es Ihnen viele Jahre lang danken.

Die Basis für das Hundefutter ist *Fleisch*; mit anderen Worten hochwertiges, tierisches Eiweiß, das dem gesamten Körperaufbau dient. Es gilt deshalb die Regel, soviel Fleisch zu füttern, wie es der Geldbeutel erlaubt, jedoch nicht ausschließlich. Wenn ich Fleisch sage, so meine ich damit nicht nur Muskelfleisch, sondern alle Teile von Schlachttieren, Kaninchen, Wild und Geflügel.

Ei ist eine besonders wertvolle Eiweißquelle. Rohes Eiklar allerdings setzt die Eiweißverdaulichkeit der Nahrung herab und zerstört das für die Haut und das Fell wichtige Vitamin Biotin (B-Komplex-Vitamin). Deshalb sollte man hin und wieder lediglich ein Ei*gelb* oder ein gekochtes Ei füttern.

Milch ist ein erstklassiger Lieferant für hochwertiges Eiweiß, Mineralstoffe und Spurenelemente, wird aber vom erwachsenen Hund häufig nicht vertragen. (Ursache ist der hohe Milchzuckergehalt). Meist gibt es bei Milchprodukten – Quark, Joghurt, Käse – keine Schwierigkeiten. Hier ist der Milchzuckergehalt deutlich niedriger; anfangs besser in kleinen Mengen, dann allmählich zunehmend, dem Futter beimischen, um Durchfall zu vermeiden.

Fleisch muß nicht unbedingt frisch sein, es kann ein paar Tage liegen, jedoch sei es jedem selbst überlassen, ob er sich mit riechendem Fleisch in der Küche befassen möchte. Man kann es roh (außer Schweinefleisch) oder angekocht geben. Schweinefleisch muß gekocht werden, um den Erreger der Aujeszkyschen Krankheit (Pseudowut) abzutöten, die für den Hund tödlich verläuft. Bei Schweinefleisch kommt hinzu, daß es zu Juckreiz und Ekzemen führen kann.

Wild nur füttern, wenn es für den menschlichen Genuß freigegeben ist. Geflügel, besonders tiefgefrorenes, wegen Salmonellengefahr besser kochen. Gekochtes Geflügel und Kaninchen müssen sorgfältig entbeint werden, denn die gegarten Knochen splittern. Dieses Fleisch eignet sich besonders gut als Anreiz für schlechte Fresser. Hammelfleisch und Innereien ergeben ebenfalls ein gutes Hundefutter. Rohe Leber, Milz, Lunge und Pferdefleisch haben eine abführende Wirkung, daher besser gekocht reichen. Wenn Sie gefrorene Eintagsküken bekommen und sich zur Verfütterung dieser Tierchen überwinden können, ist das für einen sehr großen oder mehrere Hunde ein praktisches und reichhaltiges Futtermittel.

Schneiden Sie nicht grundsätzlich alles Fett vom Fleisch ab. Sollte es zu fett sein, kochen Sie es und heben die Fettschicht von der erkalteten Brühe ab. Fett braucht der Hund, in erster Linie als Energielieferant, denn es enthält doppelt soviel Energie wie Eiweiß und Kohlenhydrate!

Frischer, grüner Pansen ist ein wertvolles Beifutter; am besten kauft man ihn zerkleinert auf dem Schlachthof. Jedoch ist Pansen als alleinige Fleischgabe zu einseitig und führt zu Mangelerscheinungen.

Fisch, der sorgfältig entgrätet sein muß, bietet eine willkommene Abwechslung, sollte aber hitzebehandelt werden (kochen, braten, dünsten), da roher Fisch Durchfall verursachen kann. Hin und wieder ein Bückling ist ein besonderer Leckerbissen. Natürlich auch der – allerdings nicht billige – Trockenfisch (im Hundefachgeschäft zu kaufen).

In Fleisch und besonders in Fisch ist verhältnismäßig viel Phosphor, jedoch wenig Kalzium enthalten. Deshalb müssen Sie zusätzlich Kalzium und Vitamine, vor allem aus dem Vitamin-B-Komplex (am besten über Hefeflocken oder Bierhefe) reichen; bei Mineralstoff-Vitamin-Präparaten deshalb auf ein möglichst weites Kalzium-Phosphor-Verhältnis achten (mind. 2:1). In der kompletten Nahrung beträgt das optimale Verhältnis von Kalzium und Phosphor 1,2 Teile Kalzium zu 1 Teil Phosphor. Preiswert ist Kalziumkarbonat (Schlämmkreide), etwas teurer Kalziumlaktat, das aber vom Hund besser aufgenommen wird (beide in der Apotheke oder Drogerie zu kaufen). Hiervon benötigt der Junghund täglich wenigstens 1,0 g, ein alter Hund 0,5 g je kg/Körpergewicht.

Da nicht alle Fleischsorten gleich wertvoll für die Hundeernährung sind, und wir sichergehen wollen, daß unser Hund alles bekommt, was er zur Gesunderhaltung seines Körpers braucht, gilt als oberstes Gebot: *Abwechslung.* Legen Sie sich nie auf eine bestimmte Fleischsorte fest, nur weil Sie zufällig billig Zugang haben. Auch bei fertig abgepackten Fleischabfällen weiß man nie genau, welche Fleischsorten verarbeitet wurden. So sollten z. B. Herz und Leber nur gelegentlich und nie als Hauptbestandteil gefüttert werden, weil sie zu einer Überdosierung von Vitamin A und D führen, die dem Hund erheblichen Schaden zufügen. Füttern Sie daher jeden Tag etwas anderes oder kaufen Sie verschiedene Fleischsorten ein (z. B. Suppenfleisch vom Rind, Kopffleisch, Pansen, Milz, Geflügelklein in größeren Mengen – Herz, Niere, Leber, Lunge und Euter in kleineren Mengen), schneiden Sie alles klein und vermischen Sie es.

Diese Fleischmischung frieren Sie portionsweise ein. So können Sie Ihren Hund so vielseitig wie möglich füttern und haben eine gute Gewähr, daß er alle notwendigen Vitamine, Mineralstoffe und Spurenelemente erhält. Tiefgefrorenes Fleisch nur vollständig aufgetaut und handwarm reichen. Schon Kühlschranktemperatur führt zu Durchfall.

Doch der Hund lebt nicht von Fleisch allein. Der Anteil an *Getreidekost* bedeutet einen geringeren Anteil an Fleisch, was unserem Geldbeutel zugute kommt. Bei einem körperlich wenig beanspruchten Tier beträgt der Getreideanteil $^2/_3$, beim sportlich arbeitenden Hund, bei der tragenden und säugenden Hündin $^1/_3$. Weniger Fleisch sollte man in keinem Fall geben. Wenn Sie die Hälfte oder mehr Getreidekost geben, müssen Sie dem Futter eine Prise Kochsalz beifügen. Unter Getreidekost versteht man braunen, ungeschälten Reis, Haferflocken, altbackenes Vollkornbrot, Graupen, Nudeln, Hundekuchen und vorfabrizierte Flocken als Beifutter (Vorsicht – nicht verwechseln mit Vollnahrung, die auch in Flokkenform auf den Markt kommt und Fleisch enthält, das man mit den Augen nicht erkennen kann). Der Hund kann pflanzliche Kost nur aufgeschlossen verdauen, das ist bei Hundeflocken, gekochten Nudeln und Vollkornbrot bereits der Fall. Alle anderen Getreideprodukte müssen hitzebehandelt werden, um die für den Hund unverdauliche Zelluloseschale aufzusprengen. Auch hier gilt es, Abwechslung zu bieten, denn auch die pflanzlichen Stoffe enthalten Eiweiße, Vitamine etc.

Es bleibt Ihnen überlassen, ob Sie Getreidekost und Fleisch zusammen in einem handwarmen, festen Brei reichen oder lieber morgens einige Scheiben Vollkornbrot mit Margarine bestrichen geben, mittags nur Fleisch und abends einige Hundekuchen füttern. (Letztere Art mag für Hunde mit Bart angenehmer sein, da der Brei oft schrecklich mit den Haaren verklebt.) Wichtig ist nur, daß Sie grundsätzlich das gewünschte Verhältnis Fleisch zu Getreidekost einhalten.

Gemüsefütterung ist auch für den Hund gesund (mit Ausnahme der blähenden Arten). So trägt beispielsweise Knoblauch zur Verbesserung der Darmflora bei. Brühen Sie ungewürzte Gemüsereste ab, schneiden Sie sie klein und mischen Sie sie unter das Futter.

Wenn Ihr Hund Obst mag, können Sie es unbeschadet füttern. Vorsichtig allerdings bei Pfirsichkernen (Darmverschluß, Lebensgefahr)!

Schädlich ist Zucker in jedweder Form. Er macht dick und beeinflußt ungünstig die Magensäfte.

Einmal in der Woche, jeweils an einem anderen Tag, geben Sie einen Eßlöffel Distelöl (reich an ungesättigten Fettsäuren, im Reformhaus erhältlich), einen Becher geschmacklosen Joghurt und ein Eigelb ins Futter. Bierhefe liefert u. a. alle Vitamine aus dem Vitamin B-Komplex und sorgt für schönes Haar. Ein Überschuß an Vitamin B wird ausgeschieden und schadet folglich nicht.

Abb. 23. Sobald „Rex“ es in der Küche klappern hört, kommt er mit seiner Futterschüssel angerannt.

Vorsicht mit Vitaminpräparaten und Lebertran. Wenn Sie Ihren Hund abwechslungsreich wie oben beschrieben füttern, braucht er keine weiteren Zusätze. Vitamin C z. B. produziert der Hundekörper selbst. Ein Überschuß an Vitamin A und D ruft Knochenerkrankungen hervor, die dieselben sind wie bei Phosphorüberschuß. (Vitamin A-Bedarf 110/E pro kg Körpergewicht am Tag, Vitamin D-Bedarf 11/E/kg/KGW/Tag.) Mit oben beschriebener Kost dürfte Ihr Hund alles bekommen, was er braucht, und bestens gedeihen. Bei einigen Hunden kann der Stoffwechsel so veranlagt sein, daß trotz abwechslungsreicher Kost Mangelerscheinungen auftreten. Experimentieren Sie nicht, lassen Sie den Mangel vom Tierarzt feststellen und beheben.

Wieviel Futter braucht mein Hund?

In Gramm und Kilogramm kann Ihnen keiner wirklich eine präzise Angabe machen. Selbst Hunde einer Rasse und einer Größe haben einen unterschiedlichen Nahrungsbedarf, der vom Stoffwechsel und dem Kalorienverbrauch des jeweiligen Tieres abhängt. Bei Hitze z. B. braucht ein Hund weniger Futter, weil er weniger Wärme abgibt, aus dem gleichen Grunde brauchen Hunde mit dickem Fell weniger als solche mit dünnem. Ein ruhiger Hund braucht weniger Nahrung als ein lebhafter, aktiver Vierbeiner. Je kleiner der Hund, desto größer sein Energiebedarf. Er braucht deshalb verhältnismäßig mehr Nahrung als ein großer Hund.
Es bleibt Ihnen nichts anderes übrig, als auszuprobieren, bei welcher Futtermenge Ihr Hund die beste Verfassung hat. Die richtige Kondition hat ein Hund dann, wenn die Wirbelsäule und die Hüftknochen gerade noch fühlbar sind. Die Rippen dürfen von einer dünnen Fettschicht bedeckt sein, müssen bei kräftigem Nachfassen aber zu spüren sein. Spüren Sie sofort die Knochen, ist er meiner Meinung nach zu mager. Doch es gibt viele magere Hunde, die bei bester Gesundheit und schönstem Haarkleid leben. Tierärzte sehen Hunde lieber zu mager als zu dick, weil zuviel Fett in jedem Falle ungesund ist.
Es ist ratsam, einen Hund einmal im Monat nach dem Füttern zu wiegen, vorausgesetzt, er hat ungefähr die gleiche Menge täglich bekommen. Ist er voll ausgewachsen und nimmt zu, dann füttern Sie zuviel. Nimmt er ab, trotz guter Gesundheit, dann bekommt er zuwenig.
Was der Hund nicht zügig in 15 Minuten wegfrißt, war zuviel. Ist der Napf schneller leer und der Hund blickt sich suchend um, war es zuwenig. Es sei denn, Ihr Hund kennt nur eine Leidenschaft – Fressen – und würde nie mehr aufhören und fett werden. Hier gilt es, hart zu bleiben, auch wenn es noch so schwerfällt.

Was man sonst noch beachten sollte

Geben Sie keine Gewürze ans Hundefutter.
Käse ist für viele Hunde ein Leckerbissen und eignet sich gut als gesunder Belohnungshappen. Er schadet dem Geruchssinn nicht, ist aber kein eigentliches Hauptnahrungsmittel. Bei schlechten Fressern reizt über das Futter gestreuter Reibekäse oft zum Fressen.
Frisches Wasser sollte dem Hund immer zur Verfügung stehen. Nach dem Fressen und nach Spaziergängen lassen Sie den Hund aber nur jeweils kleine Mengen auf einmal trinken.
Richten Sie die Fütterungszeiten nach Ihrem Tagesablauf, denn entsprechend muß der Hund Gassi gehn. Wichtig ist, daß feste Fütterungszeiten eingehalten werden. Die Hauptmahlzeit am Abend hat sich gut bewährt.
Jedes Futter sollte stets handwarm gereicht werden.
Futterreste werden weggeworfen, da sie rasch säuern und zu Magenverstimmungen führen. Nach jeder Mahlzeit wird der Futternapf gespült.
Knochen sind – entgegen landläufiger Meinung – kein ideales Hundefutter. Zuviele Knochen führen zu hartem, bröckeligem Stuhl, der dem Hund große Qualen berei-

Abb. 24. Als Findelkind aus Israel mitgebracht, trägt „Bobbi" mit Sicherheit das Blut vom Kanaan-Hund in sich.

tet. Zum Reinigen und zur Kräftigung des Gebisses eignen sich ebensogut Büffelhautknochen, altbackene Brotrinden und Hundekuchen. Wenn Sie dennoch nicht widerstehen können, Ihrem Hund hin und wieder einen Knochen zu geben, dann achten Sie darauf, daß es rohe Kalbs- oder Rinderknochen sind, keine Kotelett-, Geflügel- oder Kaninchenknochen. Alle gekochten Knochen splittern und können den Rachen bzw. die Mundhöhle des Hundes verletzen. Geben Sie Knochen nur unter Aufsicht und nie, wenn mehrere Hunde beisammen sind. Aus Futterneid werden dann zu große Stücke hastig verschlungen. Spätestens ab dem 8. Lebensjahr sollten Knochen ganz vom Speiseplan gestrichen werden.

Lassen Sie Ihren Hund niemals nach dem Fressen toben und spielen, denn es besteht die Gefahr einer *Magendrehung,* besonders bei großen Hunden. Wenn dann nicht sehr schnell operiert werden kann, hat der Hund kaum eine Überlebenschance;

meist ist es bereits nach einer Stunde zu spät. Vorsichtshalber füttert man bei großen Hunden die Hauptmahlzeit auf zwei kleinere Mahlzeiten verteilt mit einigen Stunden Abstand.
Wenn Sie das Futter umstellen wollen, dann gehen Sie schrittweise vor, um Durchfälle zu vermeiden. Erhöhen Sie die Menge des neuen und verringern Sie die des alten Futters von Tag zu Tag um kleine Portionen, bis der Hund nur noch das neue Futter bekommt.
Bei schlechten Fressern und konditionsschwachen Hunden füttern Sie lieber mehrmals täglich kleine Portionen.

Fertigfutter
wird heute in jedem Lebensmittelgeschäft in vielen Sorten angeboten. Wie bei allem sind auch hier die billigsten Sorten nicht die besten. Wenn Sie Ihren Hund gesund und artgerecht ernähren wollen, tun Sie ihm keinen Gefallen, wenn Sie ihn mit Sonderangeboten an billigem Dosenfutter ernähren. Erstklassiges Fertigfutter ist in den kleinen Mengen, wie sie für einen Hund in Frage kommen, nicht billiger als selbstzubereitete Frischkost. Wenn Sie Ihren Hund lieber auf Fertigfutterbasis ernähren wollen, achten Sie auf die Inhaltsangaben auf der Packung. Die Mindestanforderungen sind:
22% Rohprotein (Eiweiß)
5% Rohfett
1,1% Kalzium
0,9% Phosphor
50% Kohlenhydrate (Getreidekost)
(alle Angaben bezogen auf die Trockenmasse).
Prüfen Sie ein Produkt anhand dieser Tabelle. Dosenfutter ist in der Regel teuer und enthält in manchen Fällen erschreckend wenig, oft minderwertiges Rohprotein. Für die tägliche Fütterung empfehle ich es nicht. Es kann aber nicht schaden, den Hund auch an Fertigfutter, vor allen Dingen an die Flocken- und Preßfuttersorten zu gewöhnen, da diese bei Urlaubsreisen z. B. sehr bequem zu füttern sind. Sie können trocken, in Brühe (aus Kalbsfüßen) oder warmes Wasser eingeweicht (immer handwarm füttern) gereicht werden. Halten Sie sich bei der Futtermenge anfangs an die Angaben des Herstellers. Nur wenn Ihr Hund dabei zunimmt oder abmagert, passen Sie sofort die Menge dem Bedarf Ihres Hundes an.
Mit Ausnahme von im Wachstum befindlichen Hunden, tragenden und säugenden Hündinnen sowie sportlich stark beanspruchten Hunden dürfen Sie bei *Vollnahrungen* mit einem Rohproteingehalt von mindestens 22% *kein Fleisch zusätzlich füttern!* Das gleiche gilt für Kalzium- und Vitaminpäparate. Nur junge, wachsende Hunde bekommen zusätzlich Kalziumlaktat. Aus Gründen der Haltbarkeit sind Trokkenfutter oft sehr fettarm. Deshalb ist es ratsam, über die Woche verteilt zwei Eßlöffel (bei sehr kleinen Hunden einen) Distelöl, das sehr reich an ungesättigten Fettsäuren ist, über das Futter zu geben.
Zum Fertigfutter kein Salz hinzugeben!
Ebenso wichtig ist, daß dem mit Fertigfutter ernährten Hund immer reichlich frisches Wasser zur Verfügung steht.

Fütterungsplan für junge Hunde

Welpen sollen sich sattfressen, aber nicht überfressen. Ihr Junghund muß vor jeder Mahlzeit hungrig sein und sie zügig aufessen. Welpen, die sich zu großen und

schweren Hunden auszuwachsen versprechen, muß man vor Überfütterung bewahren, da zuviel Gewicht und schnelles Wachstum die gesunde Entwicklung der Gelenke und auch der Röhrenknochen beeinträchtigen.
Welpen bekommen ab der 8. Woche vier Mahlzeiten am Tag.
Morgens: Flocken mit Milch (Welpenaufzuchtmilch wie Ipevet, Welpi-lac etc.); Kuhmilch nur, wenn er davon keinen Durchfall bekommt.
Mittags: Reichlich verschiedene Fleischsorten (in mundgerechte Stücke zerschnitten, nicht möglichst klein und fein), ein wenig Getreidekost, dazu Kalziumlaktat, Bierhefe (Menge lt. Herstellerangaben).
Nachmittags: Flocken mit Milch (s. morgens) und etwas Magerquark.
Abends: Fleisch und Getreidekost wie mittags.
Allmählich läßt der junge Hund die eine oder andere Mahlzeit aus und pendelt sich meist von alleine auf drei Mahlzeiten vom 4.–7. Monat, auf zwei vom 8. – 12. Monat ein.

Der gesunde Mischlingshund

Da wir nur selten genau wissen, wie unser Mischlingshund aufgezogen und gehalten wurde, bevor wir ihn übernommen haben, ist es unerläßlich, den neuen Hausgenossen einem Tierarzt vorzuführen. Es ist nicht damit getan, sich der landläufigen Meinung hinzugeben, daß Mischlinge gesünder seien als Rassehunde. Wenn Ihnen auch einige rassebedingte Übel erspart bleiben, so war die Aufzucht eines Mischlingswelpen meist sehr viel dürftiger als die eines sorgsam gezüchteten Rassehundes. Wir müssen nun dafür sorgen, daß er sein weiteres Leben bei uns bei bester Gesundheit verbringen kann.
Dazu gehört, daß wir jährlich die entsprechenden Schutzimpfungen vornehmen lassen. Beim ersten Besuch untersucht der Arzt, ob der Hund gut ernährt und gesund ist und ob er Würmer hat. Er verordnet gegebenenfalls eine Wurmkur und nimmt die fälligen Schutzimpfungen vor. Bei eventuellen Mangelerscheinungen kann er frühzeitig helfend eingreifen.
Scheint der Hund unlustig, will er nicht fressen und verhält er sich auch sonst anders als üblich, so kann dies Anzeichen einer Krankheit sein. Messen Sie im After die Temperatur (Thermometerspitze einfetten). Die Messung wird nach einigen Stunden wiederholt. Liegt sie auch dann noch höher als 39° C (normal sind 38,0 bis 38,6° C) und zeigt der Hund gar irgendwelche Hautunreinheiten oder Ausflüsse aus Augen und Nase, wenden Sie sich sofort an den Tierarzt. Es ist billiger und besser, mehrmals vorbeugend zum Tierarzt zu gehen, als nachher eine langwierige Behandlung durchstehen zu müssen. Niemals kuriert man selbst am Hund herum, auch nicht, wenn Ihnen ,,erfahrene" Hundehalter gute Ratschläge erteilen.

Abb. 25. Auslauf und Bewegung gehören zu den Grundvoraussetzungen bei der Hundehaltung.

Niemals wird ein Hund mit einem Hausmittelchen oder gar Medikamenten aus der Humanmedizin behandelt, wenn dies nicht ausdrücklich vom Tierarzt angeraten wurde. Was für den Menschen heilend ist, kann für den Hund tödlich sein (z. B. Mexaform-S®).
Hunde in höherem Alter sind allgemein anfällig für Nierenerkrankungen. Empfehlenswert ist es, einmal jährlich den Urin (bei Verdacht auf Nierenerkrankungen auch das Blut) untersuchen zu lassen.

Schutzimpfungen

Erfreulicherweise gibt es heute gegen die schweren ansteckenden Hundekrankheiten zuverlässige Schutzimpfungen: gegen Staupe, Hepatitis (ansteckende Leberentzündung), Stuttgarter Hundeseuche (Leptospirose), Parvovirose, Zwingerhusten und Tollwut.
Bis etwa zur 7. bis 9. Woche genießt der Welpe Impfschutz durch die Muttermilch, sofern die Hündin geimpft wurde. Bei jün-

geren Mischlingswelpen, von denen man nicht weiß, ob die Mutter geimpft war, muß ein passiver Impfschutz durch Gammaglobuline verabreicht werden. Aktiven Impfschutz erhält der Welpe in der 8. Woche gegen Staupe, Hepatitis, Leptospirose (SHL). Die zweite Grundimpfung erfolgt zwischen der 12. und 14. Woche, sie ist unerläßlich, wenn der Impfschutz gewährleistet werden soll. Zusätzlich wird gegen Parvovirose geimpft und einige Wochen später gegen Tollwut. Nach den neuesten Forschungsergebnissen sollen die Impfungen beim erwachsenen Hund jährlich wiederholt werden.
Wichtig ist, daß der Welpe zum Zeitpunkt der Impfung vollkommen gesund und frei von Würmern und Ungeziefer ist, wenn die Impfung anschlagen soll. Deshalb eine Kotprobe zum Tierarzt bringen, der dann auch Würmer erkennen kann, die man mit dem bloßen Auge nicht sieht.

Vergiftungen

Leider kommen durch unsere verseuchte Umwelt Vergiftungen relativ häufig vor. Die Symptome sind so vielfältig wie die Ursachen einer Vergiftung. Bei ungewöhnlichem Verhalten, Teilnahmslosigkeit, Erbrechen, Speicheln, Krämpfen, schwerem Durchfall oder Blutungen unbedingt den Tierarzt aufsuchen. Es wäre gut zu wissen, was ein Hund in welcher Menge aufgenommen hat, damit der Tierarzt sofort das richtige Gegenmittel anwenden kann. Doch leider weiß man das in den seltensten Fällen. Vergiftungen verlaufen daher fast immer tödlich oder richten schwere Dauerschäden an.
Häufig werden Vergiftungen durch Pflanzenschutzmittel (z. B. Schneckenkorn), Düngemittel, Frostschutzmittel (Glysantin) verursacht, bei denen wenig Überlebenschance besteht. Immer wieder hört man von Dicumarol-Vergiftungen. Dicumarol verhindert die Blutgerinnung und wird zur Rattenbekämpfung verwendet. Blutungen aus dem Darm, dem Harnapparat sowie blutiges Erbrechen deuten darauf hin; sofortige Behandlung mit Vitamin K hilft, so daß eine sehr gute Überlebenschance ohne Folgeschäden besteht.

Hautunreinheiten

erkennt man im Frühstadium besonders bei langhaarigen Hunden daran, daß sich der Hund kratzt, das Haar aber nicht unmittelbar danach in seine natürliche Lage zurückfällt. Auch bei häufigem Kratzen des Hundes ohne sichtbaren Grund den Tierarzt aufsuchen, da es sich um Pilzerkrankungen oder Milben handeln kann, die nur unter dem Mikroskop bzw. durch Gewebeproben zu erkennen sind. Ekzeme können auf den verschiedensten Ursachen, wie Allergien, Hormonstörungen, Flöhen, Eiweißüberschuß und vielem anderen beruhen und gehören daher sofort in die Behandlung des Tierarztes. Auch eine anhaltende Verschmutzung des Haarkleids kann Hautentzündungen hervorrufen.

Durchfall

kann ernährungsbedingt sein und ist durch einen Fastentag bei schwarzem Tee rasch behoben. Bei anhaltendem Durchfall jedoch, bei Blut im Stuhl, gar zusammen mit anderen Anzeichen von Unwohlsein sofort den Tierarzt aufsuchen.

„Schlittenfahren"

Das Rutschen des Hundes auf dem Hinterteil kann verschiedene Ursachen haben. Meist deutet es auf eine Verstopfung der Duftdrüsen (Analdrüsen) am After hin. Lassen Sie sich vom Tierarzt zeigen, wie man sie ausdrückt. Es kann aber auch auf Bandwurmbefall hindeuten; dabei rufen die ausgeschiedenen Bandwurmglieder den Juckreiz hervor. Suchen Sie auch in diesem Fall den Tierarzt auf, da zur Behandlung bestimmte Wurmmittel nötig sind.

Erbrechen

Hunde erbrechen häufig, wenn sie zu hastig zuviel gefressen haben, besonders junge Hunde. Meist fressen sie das Erbrochene rasch wieder auf. Lassen Sie sie gewähren – es schadet ihnen nicht. Wendet sich der Hund jedoch angewidert vom Erbrochenen ab, erbricht ungewöhnlich häufig oder sieht das Erbrochene nicht nach frischaufgenommener Nahrung aus, gehen Sie besser sofort zum Tierarzt.

Parasiten

Jeder noch so gepflegte Hund hat irgendwann einmal Würmer oder Ungeziefer.
Würmer: Besonders anfällig dafür sind Welpen. Am häufigsten kommen Spulwürmer, gelegentlich Band-, Peitschen- und Hakenwürmer vor. Spulwürmer kann man eventuell in Kot und Erbrochenem finden, Bandwurmglieder im Kot, Peitschen- und Hakenwürmer sind nur unter dem Mikroskop sichtbar.
Erwachsene, gesunde Hunde leiden seltener unter starkem Wurmbefall. Glanzloses Haar und verschleimte Augen sind oft ein Hinweis auf diese ungebetenen Gäste. Jährlich sollte wenigstens eine Wurmkur vorgenommen werden. Der Tierarzt kann anhand von Kotuntersuchungen feststellen, ob und welche Würmer vorhanden sind, und danach die Behandlung ausrichten. Da die üblichen Wurmpasten meist nur gegen Spulwürmer helfen, sollte zumindest die erste Behandlung dem Tierarzt überlassen werden.
Ungeziefer: Im Sommer leiden Hunde oft unter Zecken, Flöhen und Milben. Läuse kommen relativ selten vor. Schützen Sie Ihren Hund zumindest während der Sommerzeit mit einem „Anti-Flohhalsband", das etwa drei Monate lang jeden Ungezieferbefall wirksam verhindert und auch das Hundebett mitschützt. Hat Ihr Hund trotzdem einmal Flöhe „aufgeschnappt", gibt es viele wirksame Mittel dagegen (erhältlich im Zoohandel). Da sich Flöhe schubweise in Ritzen und Ecken entwickeln, ist eine Langzeitbehandlung erforderlich, die die Umgebung des Hundes mit einschließen muß.
Zecken bohren sich in die Haut und saugen sich voll Blut, bis sie wie dicke graue Erbsen aussehen. Man entfernt sie, indem man sie mit einem Tropfen Öl beträufelt, um die Poren zu verstopfen und nach etwa 10 Minuten, zwischen Daumen und Zeigefinger gefaßt, herausdreht. Der Kopf darf nicht steckenbleiben, denn er ruft böse Entzündungen hervor. Daher niemals reißen.
Von den Milben gibt es verschiedene Arten, am häufigsten sind Milben im äußeren Gehörgang (Ohrmilben). Andere Arten befallen die Haut und können Ekzeme und unerträglichen Juckreiz hervorrufen. Hier hilft nur eine rasche Behandlung beim Tierarzt.

Erziehung

Jeder Hund ist anders, doch bei den Rassehunden gibt es mehr oder weniger ausgeprägte rassespezifische Charaktermerkmale, die man bei der Erziehung berücksichtigen kann. Beim Mischlingshund müssen wir uns mit seinem Charakter zunächst einmal auseinandersetzen, um herauszufinden, ob man ihn mit Samthandschuhen anfassen muß oder ob er eine feste Hand braucht. Hinzu kommt, daß ein Mischlingshund oft als erwachsener Hund in die Familie kommt, und wir nur in den seltensten Fällen seine Vorgeschichte kennen. Möglicherweise hat der Vorbesitzer schwerwiegende Fehler gemacht, die wir nun ausbügeln müssen.

Ein Hund ist ein Tier, das nur geradlinig denken und Eindrücke miteinander verknüpfen kann. Oft finden diese Verknüpfungen nicht in unserem Sinne statt und der Hund tut gerade das, was wir nicht beabsichtigt hatten. Deshalb müssen wir uns ein wenig in das hundliche Denken hineinversetzen und dürfen nicht erwarten, daß er wie ein Mensch reagiert.

Es dauert einige Zeit, bis ein Hund seinen Herrn auch ohne Worte versteht, und umgekehrt. Dieses tiefe Verständnis, das uns dazu verleitet, den Hund zu vermenschlichen, beruht auf engstem Kontakt zwischen Hund und Herrn.

Zum besseren Verständnis der Hundeseele führen wir uns einmal die „Hundwerdung“ kurz vor Augen. Warum fand eigentlich gerade der Wolf vor vielen tausend Jahren zum Menschen, warum nicht etwa der Bär? Man könnte ihn sich als wirkungsvollen Beschützer und Jagdgefährten durchaus vorstellen. Der Wolf, von dem man nun ziemlich sicher ist, daß er der Ahnherr des Hundes ist, ist ein Meutetier. Damit hatte er viele grundlegende Verhaltensweisen mit dem damaligen Menschen gemeinsam. Beide jagten in Rudeln, beschützten ihr Revier vor Eindringlingen, verteidigten ihre Beute und zogen mit den Rudelgenossen ihre Jungen auf. Beide hielten ihr Lager sauber. Wolf und Mensch sind außerordentlich anpassungsfähig an alle möglichen Umweltgegebenheiten und Nahrungsquellen. Der Bär hingegen ist ein Einzelgänger, damit fehlen ihm die grundsätzlichen Voraussetzungen als Gefährte des Menschen.

Wie funktioniert nun ein Rudel – sei es das von Menschen oder Hunden. Jedes Mitglied hat seine bestimmte Rolle zu erfüllen, alle müssen zusammenarbeiten, einander verstehen und sich einordnen, wenn das Rudel überleben will. Wölfe haben deshalb ein System, an das sich alle Rudelmitglieder halten. Sog. Rangordnungskämpfe sorgen dafür, daß der stärkste und intelligenteste Wolf das Rudel anführt. Rangordnungskämpfe dürfen jedoch nicht so weit ausarten, daß sie das Rudel schwächen. Es gibt klare Spielregeln: Z. B. wirft der Rudelführer einen von ihm zu strafenden Wolf auf den Rücken. Gelingt ihm dies, weil er stark und geschickt ist, ergibt sich der Unterlegene sofort, bietet Hals und Bauch, seine empfindlichsten Körperstellen, dar. Der Stärkere nimmt dies gelassen zur Kenntnis und trollt sich.

Spürt der zu Tadelnde allerdings, daß der Rudelführer nicht in bester Kondition ist, wird er versuchen, sich zur Wehr zu setzen und seinerseits die Rudelführung zu übernehmen. Gelingt ihm dies, gibt es eine Rauferei, der schwächere gibt nach, die Sache ist wieder in Ordnung. Dabei gibt es Charaktere, die ständig darauf lauern, die Rudelführung in einem passenden Moment zu übernehmen. Bei ihnen wird man sich als Herr ordentlich durchsetzen müssen. Andere wieder fühlen sich in untergeordneter Stellung sicher, sie machen weniger Mühe bei der Erziehung. Nur wenn dieses System klappt, kann die Meute erfolgreich jagen, sich ernähren und Junge aufziehen – die Art erhalten.

Trotz vieler tausend Jahre Umgang mit dem Menschen haben sich alle Hunde, ob Chihuahua oder Bernhardiner, die grundlegenden Verhaltensweisen des Wolfes bewahrt, der Mensch lebt ebenfalls im Familienverband, sozusagen im Rudel, deshalb haben beide viele soziale Verhaltensweisen gemeinsam. Es fällt daher dem Hund nicht schwer, in der Familie das Rudel zu sehen, seine Menschen als Hunde oder sich als Mensch zu betrachten.

Halten wir uns also vor Augen, daß der Hund als Rudeltier eine strenge Ordnung braucht, die ihm Sicherheit und Geborgenheit gibt. Er kann sich nur wohl fühlen, wenn seine angeborenen Verhaltensweisen einen Sinn haben und im täglichen Leben eingesetzt werden können. Er muß wissen, woran er ist, was er tun darf und was nicht, welche Rolle er im Rudel spielt. Auch wenn dies eine untergeordnete Rolle ist, so hat er doch seinen festen Platz, den er ausfüllen darf. Ein Leben ohne Ordnung verwirrt und verunsichert den Hund. Uns unerklärliche Unarten sind oft darauf zurückzuführen und letztlich reine Erziehungsfehler. Betrachten auch Sie Hund und Familie als „Rudelverband" und weisen Sie Ihrem Hund von Anfang an die Rolle zu, die ihm gebührt. Sie muß immer eine untergeordnete sein. Sie sind der Boß. Das ist Regel Nr. 1. Deshalb ist es wichtig, körperlich dem Hund gewachsen zu sein, ihn notfalls auf den Rükken zu werfen, wenn er die Rudelführung übernehmen will. Bei einem starken, selbstbewußten Rüden oder bei einem Hund, vor dem der Vorbesitzer Angst hatte, ist das durchaus normal. Aber Sie müssen in der Lage sein, sich dem Hund gegenüber ohne Angst durchzusetzen. Angst zu zeigen, ermutigt auch den kleinsten Fifi, zuzubeißen!

Sie brauchen übrigens nicht zu befürchten, daß Ihr Hund Sie etwa weniger liebt, weil Sie konsequent mit ihm umgehen. Im Gegenteil, er wird sich immer dem zuwenden, den er als Rudelführer anerkennen kann.

Wenn Sie zu den Menschen gehören, die Erziehung als Zwang, Schikane und Einschränkung der Persönlichkeit betrachten, sollten Sie sich keinen Hund anschaffen. Ein Hund fühlt sich bei Ihnen nicht wohl, es sei denn, Sie tanzen nach seiner Pfeife und ordnen sich ihm unter. Wollen Sie das wirklich? Ein solcher Hund ist eine Plage für die eigene Familie und unsere Mitmenschen. Erziehung des Hundes heißt nämlich nicht nur, sich durchzusetzen, weil man der Stärkere ist – schließlich wollen Sie einen Gefährten und keinen willenlosen Sklaven, sondern Erziehung bedeutet, sich in das hundliche Denken hineinzuversetzen und dem Hund klarzumachen versuchen, was man von ihm will. Dabei muß liebevoll, aber konsequent und unnachgiebig vorgegangen werden. Geduld, Einfühlungsvermögen und Durchsetzungskraft sind dafür

Abb. 26. Die „Sprache“ des Hundes.

Voraussetzung. Vor allen Dingen müssen Sie lernen, wie Ihr Hund reagiert. Manche Riesenhunde haben eine wahre Mimosenseele, und viele Zwerge können sich unerhört aufspielen. Entsprechend der Sensibilität müssen Sie mit Ihrem Hund umgehen. Dem einen genügt ein hartes Wort, der andere braucht schon mal eine Abreibung.

Fangen Sie sanft an und werden härter, wenn es erforderlich ist.
Wie immer ein Hund veranlagt sein mag, am leichtesten hat man es mit einem Welpen. Sein Spieltrieb trägt viel dazu bei, Neues aufzunehmen und zu lernen. Wie groß und stark ein Hund auch werden mag, dem Welpen und Junghund sind wir körperlich gewachsen und können rechtzeitig die Rangordnung klären, ehe er sich seiner Kräfte bewußt wird.
Ein gut erzogener Hund ist nicht nur eine Freude für seinen Herrn, sondern eine frühzeitige Erziehung fördert die Intelligenz und allgemeine Lernfähigkeit. Einen wohlerzogenen Hund kann man überall mit hinnehmen, er wird auch Nicht-Hundefreunde überzeugen und bei ihnen gern gesehen sein. Für den täglichen Gebrauch sollte jeder Hund, ob klein oder groß, nachfolgend beschriebene Gehorsamsübungen beherrschen; nicht zuletzt, um dem Hund ein sicheres Leben zu gewährleisten.
Für die Erziehung eines schwierigen, erwachsenen Hundes empfehle ich die Lektüre ,,Wer kennt schon seinen Hund?" verfaßt von den Mönchen von Skete. Es würde zu weit führen, hier auf alle möglichen Probleme bei der Hundeerziehung einzugehen.

Lob und Strafe

Die meisten Hunde sind einem Lob sehr zugänglich. Es gibt jedoch auch solche, die es wenig interessiert, ob der Herr zufrieden ist oder nicht. Hirten-, Wach-, Wind- und Schlittenhunde z. B. mußten selbständig und ohne Hilfe des Menschen arbeiten. Ihre für einen Arbeitshund wünschenswerte Unabhängigkeit äußert sich darin, daß sie weniger auf den Menschen eingehen und schwieriger zu erziehen sind. Schäferhunde und viele Jagdhunde jedoch arbeiteten stets eng mit ihrem Herrn zusammen, sie sind besonders umgänglich und daher leicht zu erziehen. Wenn Ihr Mischling rein äußerlich sehr stark zu einer bestimmten Rasse tendiert, kann es hilfreich sein, sich mit Besitzern und Züchtern dieser Hunde zu unterhalten, um mehr über deren Wesensart zu lernen.
Lobende Worte, Streicheln und vor allen Dingen ein Häppchen Wurst oder Käse als Belohnung zeigen dem Hund, daß er seine Sache gut gemacht hat.
Strafe darf grundsätzlich nur erfolgen, wenn der Hund auf frischer Tat ertappt wurde. Grobheiten und Strafen, die der Hund nicht begreifen kann, weil sie erst *nach* der Missetat erfolgen, die der Hund längst vergessen hat, stören nachhaltig das Vertrauen in den zweibeinigen Gefährten. Ist dies einmal gestört, dauert es lange, bis es wieder aufgebaut ist. Bei einem sensiblen Hund genügt schon der tadelnde Ton, und er begreift, daß er etwas verkehrt gemacht hat. Einprägsamer ist das laute Aufschlagen einer dicken Zeitung auf eine Tischkante oder, wenn es schnell gehen muß, ein Klaps mit der flachen Hand unter das Kinn. Wichtig ist nur, daß die Strafe *unmittelbar auf dem Fuße* folgt. Nur wenn der Hund weiß, wofür er gestraft wurde, hatte die Strafe einen Sinn. Wenn sich der Hund auf den Rücken wirft, hören Sie auf zu strafen, denn damit zeigt er seine Unterlegenheit an.
Die für einen Hund verständlichste und daher wirksamste Strafe ist der Rückenwurf, doch muß man dabei blitzschnell sein und den Hund überrumpeln und bei einem gro-

ßen Hund stark genug, um ihn auf Anhieb auf die Schultern werfen zu können. Zum Rückenwurf packt man den Hund an den Seiten des Halses unterhalb der Ohren, hebt ihn leicht an, so daß die Pfoten keinen Bodenkontakt mehr haben, und wirft den Hund auf die Schultern, dann hält man ihn, am besten auf ihm kniend, eine kurze Zeit am Boden.
Prügeln sollte man einen Hund nie, weder mit der Leine noch mit der Hand.

Gehorsamsübungen

können schon mit dem kleinen Welpen beginnen, sobald er sich eingewöhnt hat. Je jünger der Welpe ist, desto kürzer sind die Übungszeiten, anfangs nur ein paar Minuten. Üben Sie vor dem Füttern, wenn der Hund hellwach und an Leckerbissen interessiert ist. Lernt er nicht, brechen Sie die Übung ohne Lob und Belohnung ab. Er wird schnell begreifen, daß es sich lohnt, Herrchen einen Gefallen zu tun. Beginnen Sie die Übungen nur bei bester Laune und suchen Sie sich einen ungestörten Platz, wo der Hund nicht abgelenkt wird. Erwarten Sie nicht, daß ein Welpe das Gelernte lange behält. Üben Sie daher jeden Tag ein paar Minuten lang das gleiche.
Haben Sie einen älteren Hund übernommen, der diese Übungen nicht kennt, beginnen Sie erst mit ihm zu arbeiten, wenn er offensichtlich Kontakt zu Ihnen gefunden hat und Sie mit ihm ,,reden" können. Beim erwachsenen Hund können die Übungszeiten länger dauern und die Lektionen energischer durchgeführt werden. Reagiert ein Hund überhaupt nicht, dann werden Sie nicht nervös, sondern brechen Sie ab und überlegen, warum der Hund nicht begriffen hat; fangen Sie später noch einmal von vorne an. Aber Vorsicht: Ein Hund hat schnell herausgefunden, daß er damit den vielleicht lästigen Übungen entrinnen kann!

„Pfui!" und „Aus!"
Neben seinem Namen sind dies die ersten Worte, die ein Hund im neuen Heim lernen sollte. Nagt z.B. ein Welpe am Teppich oder an einem Möbelstück, rufen Sie ,,Pfui!" und lenken ihn ab. Will er wieder anfangen: ,,Pfui!" und Nackenschütteln.
Gibt er nicht nach, unterstreichen Sie das ,,Pfui!" mit Händeklatschen oder der Zeitung. Reichen Sie ihm zum Knabbern einen Hundekuchen und loben Sie ihn, wenn er ihn annimmt. ,,Pfui!" in Verbindung mit Strafe zeigt dem Hund, daß er von seiner derzeitigen Tätigkeit unmittelbar abzulassen hat. Bestehen Sie so lange auf der Ausführung Ihres Befehls, bis der Hund tatsächlich gehorcht.

Die unverzügliche Befolgung des Befehls ,,Aus!" kann lebensrettend für Ihren Hund sein, wenn er beispielsweise bei einem Spaziergang etwas aufgenommen hat, das möglicherweise giftig ist. Üben Sie dies schon mit dem kleinen Welpen und dem erwachsenen Neuankömmling, sobald er sich eingelebt hat. Wenn er mit etwas spielt oder an einem Knochen knabbert, sagen Sie ,,Aus!" und halten die Hand hin, damit er den Gegenstand abgibt, was er natürlich auf Anhieb nicht tut. Nehmen Sie den Gegenstand aus seinem Fang. Wenn er knurrt, folgen ,,Pfui!" und Nackenschütteln, denn Knurren gegen den Herrn ist eine unverzeihliche Sünde. Hat der Hund den Gegenstand ausgelassen, loben Sie ihn mit einem Leckerbissen und geben ihm sein Eigentum zurück. Üben Sie dies auch mit der Futterschüssel. Achten Sie darauf, daß er jedem Familienmitglied, auch dem kleinsten Kind, ohne zu murren alles abtritt. Wenn der Hund weiß, daß ,,Aus!" nicht Verzicht bedeutet, wird es ihm leichter fallen, die Übung zu begreifen. Nimmt er im Freien etwas auf, dann fackeln Sie nicht lange: ,,Aus!" und den Gegenstand notfalls mit Gewalt aus dem Fang nehmen ist die sicherste Lösung. Haben Sie aber immer einen Leckerbissen zur Belohnung parat. Beim Stöckchenspielen begleitet das ,,Aus!" stets die Abgabe des Stocks, damit Sie ihn erneut werfen können.

„Komm!"

Zur Einübung dieses Kommandos rufen Sie den Hund am besten, wenn er Ihnen ohnehin seine Aufmerksamkeit schenkt, z. B. wenn Sie die Futterschüssel oder einen Leckerbissen in der Hand halten. Gehen Sie in die Hocke und locken Sie ihn. Kommt er, wird er überschwenglich gelobt und bekommt eine Belohnung. Verlieren Sie niemals die Geduld oder schimpfen Sie, wenn er etwas länger braucht. Er wird meinen, für das Herankommen bestraft zu werden, und all die Arbeit war umsonst. Hat er das Kommando ,,Komm!" begriffen, rufen Sie ihn auch, wenn er beschäftigt ist. Loben und Belohnen dürfen dann natürlich nicht fehlen.

Soll der Hund am Ende eines Spazierganges angeleint werden, rufen Sie ihn heran und spielen mit ihm. Befindet sich der Hund in greifbarer Nähe, befestigen Sie unauffällig die Leine am Halsband, damit der Hund das Anleinen nicht als Strafe für das Herankommen empfindet und zu den Vierbeinern gehören wird, die nur mit Mühe dazu zu bewegen sind heranzukommen, wenn es in Richtung Heimat geht. Bestehen Sie jedoch darauf, daß er kommt, egal, wie lange es dauert. Bei einem älteren Hund, der sich gegen Sie durchzusetzen versucht, müssen Sie energischer werden. Gehen Sie zum Hund und schimpfen, legen Sie ihn an die Leine und führen ihn dorthin zurück, von wo aus Sie ihn riefen. Dort angelangt, wird er gelobt. Sie können ihn auch an eine lange Leine legen und mit sanfter Gewalt heranziehen, wenn er nicht auf Anruf kommt.

Außerhalb eines gesicherten Grundstücks sollte man den Hund nur von der Leine lassen, wenn er perfekt ,,bei Fuß" geht und sicher auf das Kommando ,,Komm!" hört. Rennt Ihr Hund einmal davon und es droht Gefahr, dann laufen Sie niemals dem Hund hinterher! Im Gegenteil, machen Sie auf dem Absatz kehrt und laufen laut schreiend in die entgegengesetzte Richtung davon. Fast jeder Hund wird sofort kehrtmachen und seinem Herrn nachlaufen.

Problemhunde in bezug auf frei Laufenlassen in der Natur sind alle Jagd- und Windhundtypen. Starken Jagdtrieb haben z. B. auch die Schlittenhunde. Diese Hunde können Sie nur bei außerordentlich gutem Gehorsamsstand oder in eingezäuntem Gelände von der Leine lassen. Wenn sie einmal davonhetzen, hilft kein Rufen und Wegrennen. Man muß warten, bis der Hund von alleine wiederkommt, falls er den Ausflug in unserem verkehrsreichen Land überlebt!

„Bei Fuß!"

Legen Sie dem Welpen zunächst das Halsband um, später befestigen Sie die Leine, bis er sich an das Anhängsel gewöhnt hat.

Nehmen Sie die Leine auf und gehen ihm nach. Zwingen Sie den Welpen nicht in bestimmte Richtungen. Wenn er sich durch die Leine nicht mehr behindert fühlt, locken Sie ihn dahin, wohin Sie gehen wollen. Loben und belohnen Sie ihn. Geht er freudig mit, fangen Sie mit dem „Bei Fuß!"-Training an. Der Hund soll an Ihrer linken Seite dicht am Bein gehen, stets Ihrer Ganggeschwindigkeit angepaßt. Die Leine halten Sie in der rechten Hand, die linke bleibt frei zum Streicheln. Prellt der Hund vor, holt ihn ein Ruck (dem Alter und der Sensibilität des Hundes entsprechend kräftig) begleitet mit dem Wort „Fuß!" zu Ihrem Knie zurück. Plötzlicher Richtungswechsel erhöht die Aufmerksamkeit. Bleibt er zurück oder springt zur Seite, das gleiche. Niemals angehalten zerren, sondern immer mit kurzem Ruck an die richtige Stelle befördern, dann streicheln, loben, belohnen. Das kostet am Anfang viel Energie, aber wenn Sie jemals mit einem manierlichen Hund, den Sie getrost von der Leine lassen können, spazierengehen oder einkaufen wollen, muß er die Leinenführigkeit beherrschen. Ist ihm „Bei Fuß!" in Fleisch und Blut übergegangen, kann man ihn an einem ungestörten Platz, wo er nicht abgelenkt wird, von der Leine mit dem Kommando „Fuß!" lassen. Klopfen Sie sich ans Knie, locken Sie ihn mit einem Leckerbissen, damit er dicht bei Ihnen bleibt. Hat er es gut gemacht, lassen Sie ihn sitzen und entlassen ihn dann mit dem Wort „Lauf!" zu einer Toberunde. Will er sich nicht fügen, bleibt er an der Leine. Rasch wird er lernen, die Leinenübung und „Fuß!", ohne Leine als Vorspiel zu einer fröhlichen Spielrunde zu betrachten. Bestehen Sie darauf, daß er die Übungen so lange ordentlich macht, wie Sie es wollen. Sie bestimmen das Ende der Übung, nicht der Hund. Und vergessen Sie nicht das Signal „Lauf!" zum freien Toben. Beherrscht der Hund diese Lektion, dann üben Sie mit ihm an belebten Plätzen. Auch unter Ablenkung muß der Hund dicht bei Fuß an lockerer Leine gehen. Werden Sie niemals übermütig und lassen Sie ihn an verkehrsreichen Straßen ohne Leine „Bei Fuß!" gehen. Hunde sind unberechenbar, egal, wie gut sie auch erzogen sein mögen. Nützlich ist es im Straßenverkehr, den Hund vor dem Überqueren einer Straße „Sitz!" machen zu lassen und nur auf das Kommando „Fuß!" hin die Fahrbahn zu betreten.

„Sitz!"

Wenn der angeleinte Hund neben Ihnen steht, drücken Sie mit dem Kommando „Sitz!" das Hinterteil zu Boden und ziehen gleichzeitig die Leine hoch. Zur Belohnung gibt es einen Leckerbissen. Er muß so lange sitzenbleiben, bis Sie ihn freigeben.

„Platz!"

Üben Sie dieses wichtige Kommando, wenn der Hund ohnehin müde ist. Aus dem „Sitz!" heraus ziehen Sie die Vorderpfoten mit sanftem Druck auf die Schulter zu Boden. Hat er das Kommando gelernt, gehen Sie einen Schritt, die Leine festhaltend, von ihm weg, immer ruhig und beschwörend „Platz!" sprechend. Springt er auf, legen Sie ihn an den ursprünglichen Platz zurück und beginnen von vorne. Hat er begriffen, daß er liegenbleiben muß, entfernen Sie sich ein paar Schritte weiter.

Dehnen Sie die Liegezeiten auf einige Minuten aus und achten Sie streng darauf, daß er liegenbleibt. Widersetzt er sich, zie-

Abb. 27. Rottweiler/Schäferhundmischling ,,Felto" bei der Sitzübung.

hen Sie die Leine unter Ihrem Schuh durch und zwingen den Hund so zur Platzlage, aus der er nicht mehr aufstehen kann. Setzen Sie sich durch! Die Platzübung ist für den Hund lebenswichtig. Sie ist eine der wenigen Lektionen, die ich mit unerbittlichem Druck übe. Wann immer Sie ,,Platz!" rufen, muß der Hund zu Boden fallen und liegenbleiben, auch wenn Sie weit von ihm entfernt sind. Auch muß der Hund lernen, so lange liegenzubleiben, bis Sie ihn abholen. Sie müssen sicher sein können, daß sich der Hund nicht entfernt, bis Sie zurückkommen. Geduldiges und wiederholtes Üben lohnt sich.

Der Hundesportverein

Wenn Sie Freude an der Arbeit mit dem Hund haben oder mit der Erziehung gar nicht klarkommen, suchen Sie einen Hundesportverein auf. Hier lernen Sie und Ihr Hund unter fachgerechter Anleitung die oben beschriebenen Übungen in Gegenwart anderer Hunde und Menschen, bis Ihr Hund auch unter Ablenkung Manieren angenommen hat. Macht Ihnen und Ihrem Hund die ,,Hohe Schule" der Hundeausbildung Spaß, machen Sie weiter; beispielsweise im Breitensport oder in der Ausbildung zum *Verkehrssicheren Be-*

Abb. 28. „Prinz" beim Hindernislauf im Breitensport.

gleithund, die für Hunde jeder Größenordnung ausgerichtet sind. Für mittelgroße und große Hunde besteht, je nach Eignung, die Möglichkeit der Ausbildung zum Wachhund, Schutzhund oder Katastrophenhund. Die vielseitige Arbeit mit dem Hund macht Freude und fördert die natürlichen Veranlagungen.

Pflege

Manche Mischlingshundbesitzer tun bewußt wenig am Haarkleid ihres Hundes, denn schließlich soll es ein urwüchsiger Hund sein. Doch seinen Hund zu pflegen, hat nichts mit Geschmack zu tun, sondern dient ganz einfach der häuslichen Hygiene, der Gesundheitskontrolle und dem engen Kontakt zwischen Hund und Herrn. Verfilztes und verzottetes Langhaar verbirgt Ungeziefer und Hauterkrankungen. Ein ungepflegter Hund, egal ob Rassehund oder Mischling, ist immer ein Armutszeugnis für seinen Herrn.

Die Haarpflege

beginnt schon bei einem flauschigen Welpen, denn dieser verspricht ein längeres Haarkleid zu bekommen. Damit er als erwachsener Hund die Prozedur des Bürstens über sich ergehen läßt, bürsten Sie das Welpchen mit einer weichen Bürste und widmen dabei dem Bäuchlein und den Innenschenkeln besondere Aufmerksamkeit. Sanft kosend gewöhnen Sie den Welpen daran, sich an den Ohren anfassen zu lassen und bei Gebiß-, Pfoten-, Genitalienkontrolle stillzuhalten. Wenn die Ohren erst entzündet sind und jede Berührung mit Schmerzen verbunden ist, werden Sie es schwer haben, jemals wieder an die Ohren Ihres Hundes heranzukommen. Das gleiche gilt für Pfoten und Zähne. Üben Sie dies mit dem Welpen, solange Sie ihn kräftemäßig im Griff haben.

Kurzhaarige Hunde (z.B. Boxer, Dobermann, Rottweiler) sind ausgesprochen pflegeleicht. Zur Anregung der Hautdurchblutung sollte man sie ab und zu am ganzen Körper mit einer dichten, festen Bürste oder einem Striegel in Richtung des natürlichen Haarwuchses bürsten. Anschließend reibt man das Fell mit einem feuchten Fensterleder ab, damit es richtig schön glänzt.

Stockhaarige Hunde (z. B. Deutscher Schäferhund) sind ebenfalls sehr pflegeleicht, doch sollte man sie zu Zeiten des Haarwechsels besonders häufig bürsten. Auch ihnen tut eine Hautmassage gut.

Langstockhaarige bis langhaarige Hunde (Altdeutscher Schäferhund, Hovawart, Setter, Collie) bedürfen intensiverer Pflege. Wöchentlich werden sie gründlich mit einer Bürste mit weit auseinanderstehenden Borsten (Plastik oder Draht mit Gumminoppen am Borstenende – keine sog. Pudelbürsten verwenden!) gebürstet. Man beginnt mit dem Bürsten gegen den Strich, bei dem aber keine Unterwolle ausgerupft werden sollte, und bürstet dann den Hund gründlich bis auf die Haut mit dem Haarwuchs rund um den ganzen Körper.

Besonders fein behaarte Stellen, die leicht verfilzen, befinden sich am Ohransatz, in den Achselhöhlen und an den Innenschenkeln. Während des Haarwechsels muß eventuell täglich gebürstet werden.

Lockige und zotthaarige Hunde (z.B. Bobtail, Pudel) brauchen eine besonders sorgfältige Pflege, um sauber und ansehnlich zu bleiben. Wichtig ist, das Haar frei von Verfilzungen zu halten und es erst gar nicht zum Verzotten kommen zu lassen! Verschmutztes, verzottetes Haar riecht schnell unangenehm, bietet ideale Nistplätze für Ungeziefer und kann zu Hauterkrankungen führen.

Mit einer groben Bürste wird der zotthaarige Hund oberflächlich gegen den Strich gebürstet. Mit der linken Hand hält man das Haar gegen den Strich hoch und bürstet es mit der rechten in Richtung des natürlichen Haarwuchses vom Ansatz bis zu den Haarspitzen hin in einem Zug aus. Man beginnt z. B. am auf der Seite liegenden Hund an den Hinterpfoten und arbeitet sich nach oben, dann von den Seiten zum Hals hin; am sitzenden Hund bürstet man an der Brust von unten nach oben, beim stehenden auf dem Rücken von der Kruppe bis

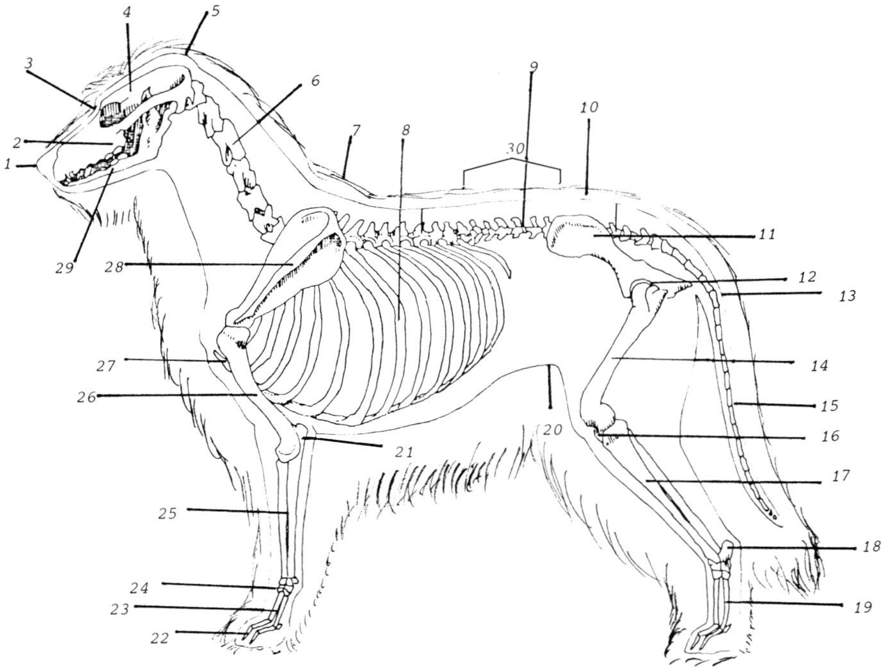

Abb. 29. Das Skelett des Hundes.

1) Nasenschwamm
2) Vorgesicht oder Fang
3) Stop oder Stirnabsatz
4) Oberschädel
5) Hinterhauptbein o. Hinterhauptstachel
6) Nacken
7) Widerrist – Meßpunkt für die Schulterhöhe
8) Brustkorb mit Rippen
9) Wirbelsäule
10) Kruppe
11) Hüftknochen
12) Hüftgelenk
13) Rutenansatz
14) Oberschenkelknochen
15) Rute
16) Kniegelenk
17) Unterschenkelknochen
18) Fersengelenk – Hocken
19) Fußknochen
20) Flanken
21) Ellbogen
22) Pfote – Zehen
23) Fußknochen
24) Fußgelenk oder Fessel
25) Unterarmknochen
26) Oberarmknochen
27) Brustbein
28) Schulterblatt
29) Unterkiefer
30) Lendenpartie zwischen letzter Rippe und Hüftknochen

zum Kopf. Ein zottigbehaarter Kopf muß sehr sorgfältig gebürstet werden. Besonders leicht verklebt der Bart, der täglich nach den Mahlzeiten abgeputzt und ausgekämmt werden sollte. Die behaarten Ohren (meist sind es Hängeohren) müssen ebenfalls gründlich gekämmt werden. Hierzu benutzt man einen grobzinkigen Hundekamm. Um die Ohren herum verfilzt durch die Fettabsonderung das Haar besonders rasch. Es muß immer duftig im Winde flattern, damit durch die Bewegung Luft in das Ohrinnere gelangen kann, um Ohrenerkrankungen vorzubeugen. Richtig gepflegt ist ein zotthaariger Hund dann, wenn Sie nach dem Bürsten mit einem groben Hundekamm am ganzen Körper ungehindert und ohne Haar auszureißen kämmen können.

Wenn sich Ihr Mischlingshund unerwartet zu einem Zottel entwickelt hat und Ihnen diese aufwendige Haarpflege lästig ist, lassen Sie ihn im nächsten Hundesalon scheren. Das Haar, auf fünf bis acht Zentimeter Länge am ganzen Körper gehalten, ist immer pflegeleicht und sieht trotzdem originell aus. Schließlich zwingt Sie ja kein Rassestandard zu irgendeiner ,,Frisur" Ihres Hundes.

Seidenhaarige Hunde (z.B. Malteser, Afghane, Yorkshire Terrier) kämmt man mit dem natürlichen Haarwuchs aus. Auch hier können Sie an kritischen Stellen, besonders bei einem kleinen Hund, dessen Bauchhaar am Boden schleift, das Haar kürzen.

Rauhhaarige Hunde (z.B. Schnauzer, Deutsch Drahthaar, Rauhhaarteckel, Drahthaar-Foxterrier) sind wetterfest und unempfindlich in der Pflege. Mit einer groben Bürste und einem weitzinkigen Hundekamm pflegt man das Haar gelegentlich. Wenn das drahtige Fell zu üppig wird, können Sie es trimmen lassen wie bei einem Schnauzer oder Terrier. Ein Schnauzbart wird nach jeder Mahlzeit abgeputzt und ausgekämmt.

Der schmutzige Hund

Kommt Ihr Hausgenosse nach einem Schlechtwetterspaziergang von draußen, lassen Sie ihn vor der Haustüre sitzen, bis Sie einen Eimer warmes Wasser und ein Fensterleder oder Schwammtuch geholt haben. Mit dem ausgewrungenen Leder bzw. Schwamm trocknen Sie die nassen und schmutzigen Körperpartien ab. Sie saugen Schmutz und Feuchtigkeit bestens auf.

Baden

Über die Notwendigkeit des Badens von Hunden gehen die Meinungen auseinander. Eine alte Regel besagt: ,,So selten wie möglich, so oft wie nötig". Wenn Sie also das Gefühl haben, daß Ihr Hund unappetitlich riecht oder sich das Fell unangenehm fett und schmutzig anfühlt, dann können Sie ihn in die Wanne stecken. Junge Hunde sollte man erst baden, wenn sie alle Impfungen erhalten haben.

Wenn Sie ein paar Regeln beachten, kann dem Hund nichts passieren. Bei einem kurzhaarigen Hund wird das Bedürfnis nach einem Bad ohnehin kaum aufkommen, da man ihn bequem mit einem feuchten Tuch abreiben und so gut sauberhalten kann.

Bei langstockhaarigen bis langhaarigen und üppig behaarten Rauhhaar-Schlägen

sollte man eine Hündin nach der Hitze oder wenn der Fellwechsel stark eingesetzt hat, baden; so muß man sich weniger mit ausfallenden Haaren plagen.
Bei extrem lang-, zott- und seidenhaarigen Hunden bürsten Sie vor dem Baden das Fell gründlich aus und massieren das Shampoo, ohne das Fell stark zu zerzausen, auf die Haut; andernfalls verfilzt das Fell derart, daß Sie es nach dem Bade nur mit großer Mühe ausbürsten können.
Legen Sie die Wanne mit einer rutschfesten Matte aus und verstopfen Sie die Ohren mit einem Wattebausch, damit Schaum und Wasser nicht in die empfindlichen Gehörgänge eindringen können. Mit lauwarmem Wasser duschen Sie den Hund gründlich ab, bis er durch und durch naß ist. Mit einem rückfettenden Spezialhundeshampoo, das Sie in jedem Hundesalon kaufen können, waschen Sie den Hund am ganzen Körper und duschen ihn anschließend so lange ab, bis keine Seifenreste mehr im Fell sind. Legen Sie dem nassen Hund, noch ehe er sich schütteln konnte, einige Handtücher um und rubbeln Sie ihn trocken.
Wenn es schnell gehen muß, können Sie den Hund trockenfönen, ansonsten kann er im warmen Zimmer oder im Sonnenschein im Garten trocknen. Achten Sie darauf, daß er nicht in Kälte und Zug kommt, ehe er vollkommen trocken ist. Er darf sich nicht in den Schatten legen und sich schon gar nicht auf der Erde trockenwälzen.
Wenn Ihnen das Baden zu Hause zuviel Mühe macht, lassen Sie Ihren Hund in einem Hundesalon baden. Zwischendurch hält ein „Trockenbad" mit Euformal® (Anwendung nach Gebrauchsanweisung) den Hund sauber.

Augen

Jeden Morgen werden die Augenwinkel unseres Freundes mit einem Papiertaschentuch ausgewischt. Bei am Kopf stark behaarten Hunden ist dies besonders wichtig, da sonst die Haare in den Augenwinkeln verkleben und Entzündungen der Haut hervorrufen können. Andauerndes Tränen und gerötete Bindehaut sollten durch den Tierarzt behandelt werden.

Ohren

Die Ohrenpflege ist besonders wichtig, denn Ohrenentzündungen sind äußerst schmerzhaft und nicht leicht zu kurieren. Bei kurzhaarigen stehohrigen Hunden genügt eine monatliche Kontrolle und Reinigung.
Hängeohren, auch wenn sie kurz behaart sind, müssen wöchentlich gereinigt werden. Man reinigt die Ohren mit einem Wattestäbchen, das man vorsichtig in den äußeren Ohrkanal einführt und in einer drehenden Bewegung nach oben entlang herauszieht. Niemals Puder in die Ohren schütten und nie mit Gewalt in das Ohrinnere eindringen.
Bei seiden- und zotthaarigen Hunden kommt es vor, daß Haare aus dem Ohrkanal herauswachsen. Diese müssen entfernt werden, da sie mit Ohrenschmalz verkleben und die Luftzufuhr verhindern. Solche Hunde sind besonders anfällig für Ohrenerkrankungen. Ziehen Sie deshalb diese lose sitzenden Haare heraus, bis der Gehörgang frei ist und Sie ihn reinigen können. Das Herausziehen dieser Haare tut einem Hund mit gesunden Ohren nicht weh.
Die Innenseiten von Schlappohren werden

Abb. 30. Bei zotthaarigen Hunden muß das lange Haar, das aus dem Ohrinnern herauswächst, ausgezupft werden.

gelegentlich mit einem in Alkohol getauchten Tuch gereinigt. Zeigt der Hund beim Ohrenreinigen offensichtlich Schmerzen, riecht der Hund aus den Ohren, hält er den Kopf schief und kratzt sich häufig – schnellstens zum Tierarzt!

Gebiß

Bekommt Ihr Hund regelmäßig Büffelhautknochen oder harte Hundeknochen, dürften die Zähne sauber sein. Zeigt sich aber ein weißlicher Zahnbelag, entfernen Sie diesen mit einem in 3%iger Wasserstoffsuperoxid-Lösung (Apotheke) getauchten Wattebausch. Haben sich bräunliche Ränder gebildet, benutze ich aus dem Maniküreetui den stumpfen, runden Nagelhautschieber zum Abkratzen des Zahnsteins. Dicken Belag kann nur der Tierarzt entfernen. Unbehandelter Zahnstein führt zu Mundgeruch, Zahnfleischentzündungen, Zahnfleischschwund und Ausfall der Zähne, was sehr schmerzhaft ist.

Genitalbereich und After

Bei üppig behaarten Hunden kann es passieren, daß Kot und Haare am After so verkleben, daß dieser verschlossen wird und der Hund sich nicht mehr lösen kann. Kontrollieren Sie diese Stellen von Zeit zu Zeit und kürzen Sie das Haar um den After mit einer aufgebogenen, an den Spitzen stumpfen Schere. Bleibt frischer Kot im Haar hängen, pudern Sie es mit Trockenshampoo ein, lassen es trocknen und bürsten Sie das Haar anschließend aus. Beim Rüden waschen Sie die Bauchpartie öfter.

Pfoten

Im Winter reiben Sie die Pfoten mit Vaseline ein, ehe Sie mit dem Hund das Haus verlassen. Bei der Rückkehr werden die Pfoten warm abgewaschen. Bei langhaarigen Hunden schneiden Sie das Haar zwischen den Zehen mit einer vorn abgestumpften Schere vorsichtig heraus, damit sich keine Schmutz- bzw. Eisklümpchen, Steinchen oder Grassamen darin verfangen können. Diese bereiten dem Hund Schmerzen, und es können sich häßliche Entzündungen bilden.

Krallen

Das Krallenwachstum ist von Hund zu Hund unterschiedlich. Manche haben ihr Leben lang kurze Krallen, andere müssen regelmäßig geschnitten werden. Eine Rolle spielt auch, ob ein Hund hauptsächlich auf weichem Naturboden, auf dem sich die Krallen nicht abnützen können, oder auf Beton läuft. Steht der Hund gerade, sollten die Krallen den Boden nicht berühren, aber knapp vor ihm enden. Ein ,,Klack-Klack"-Geräusch, wenn der Hund auf glattem Boden läuft, sagt Ihnen, daß die Krallen geschnitten werden müssen.
Auch das Krallenschneiden sollte man schon beim jungen Hund zur Routine werden lassen. Lassen Sie es sich vom Tierarzt zeigen. Wichtig ist, daß man nicht zu kurz schneidet und damit die kleine Ader in der Kralle verletzt, was zu starken Blutungen führen kann und dem Hund wehtut. Deshalb Krallen nie zu lang werden lassen, da die Ader mitwächst.

Mischlingsnachwuchs

Die Hundefamilie

Daß wir unsere Mischlingshündin nicht bewußt zur Zucht verwenden, dürfte selbstverständlich sein. Unsere Hündin hatte Glück, ein liebevolles Heim zu finden – aber ob dieses Glück auch ihren Kindern beschert werden wird? Ein liebevolles, hundegerechtes Heim für einen Mischlingswelpen zu finden ist schwer und reine Glücksache. Deshalb sollten wir nie mit dem Gedanken spielen, Welpen aufzuziehen, nur ,,weil kleine Hundekinder ja so niedlich sind". Man trägt die Verantwortung für das Leben, das man in die Welt setzt. Außerdem ist die Welpenaufzucht mit mehr Arbeit, Mühe und Kosten verbunden, als man so denkt. Und sofern man nicht in der Lage ist, allen Welpen eine gesicherte Zukunft zu gewähren, kann man diese Verantwortung, die sich über 10 bis 15 Jahre erstreckt, nicht tragen. Hundeelend gibt es genug, gerade unter den „Rasselosen", dazu dürfen wir nicht auch noch beitragen. Es gibt keinen medizinischen Grund dafür, daß eine Hündin einmal im Leben Welpen gehabt haben muß. Jungfräuliche Hündinnen und alte Zuchthündinnen sind gleichermaßen gesundheitsgefährdet. Eine Hündin zur „Krankheitsvorbeugung" (gegen Brustdrüsentumore, Gebärmuttererkrankungen) decken zu lassen, ist also vollkommen unsinnig. Ebenso gehört es zu den Ammenmärchen, daß eine scheue oder überaggressive Hündin ein ausgeglicheneres Wesen bekommt, wenn sie Welpen hatte. Sie kann im Hinblick auf ihre Mutterschaft vorübergehend ihren Charakter verändern, doch wird sie nach Heranwachsen der Jungtiere wieder ganz die „Alte" sein. Was aber passieren kann: ihre unerwünschten Charaktereigenschaften, sofern sie angeboren sind, wird sie an ihre Kinder vererben.

Gegen eine unüberlegte Vermehrung spricht auch die alte Regel „Die Natur holt es immer von der Mutter"; das heißt, der Organismus der Hündin wird von Trächtigkeit, Geburt und Säugezeit ganz erheblich belastet. In der Konsequenz bedeutet dies für die Hündin, daß sie frühestens in der dritten Läufigkeit gedeckt werden sollte, wie das ja bei Hundezuchtvereinen Vorschrift ist. Jede Trächtigkeit, die vor dieser „Frist" eintritt, hinterläßt bleibende Spuren im Organismus der Mutter – ein Kind kriegt Kinder –, auch wenn man mit der Ernährung dem Zustand Rechnung trägt.

Gesellschaftliche Schranken zwischen den Vierbeinern „mit Stammbaum" und denen ohne Adelspatent werden von beiden Seiten erfahrungsgemäß negiert; daneben gilt auch für die Hundedame die alte Erfahrung, daß es immer dann todsicher klappt mit dem Nachwuchs, wenn es gerade nicht sein sollte.

Verhütungsmethoden

Um Nachwuchs zu verhindern, gibt es verschiedene Möglichkeiten. Die beste Methode heißt ganz einfach: aufpassen.

Die Hündin wird normalerweise zweimal jährlich läufig, also im Abstand von ungefähr einem halben Jahr. Man sollte sich Beginn und Ende jeweils im Terminkalender notieren, so weiß man relativ genau, wann die nächste Läufigkeit fällig ist. Das hat zusätzlich den großen Vorteil, daß Abweichungen im Eintritt und der Dauer der Läufigkeit zwangsläufig auffallen. Während ein Abstand von mehr als sechs Monaten in der Regel keinen Grund zur Beunruhigung darstellt, ist eine Verkürzung meist ein Alarmsignal. Zur Abklärung der Ursache: Tierarzt.

Eine normale Läufigkeit dauert ungefähr 21 Tage. Dabei sondert die Hündin aus der Scheide 6 bis 8 Tage lang ein blutiges Sekret ab, nach dieser Zeit ändert sich das Sekret und wird leicht rötlich bis farblos und glasig-schleimig. Solange die Hündin richtig „blutet", ist sie nicht deckbereit; sie beißt die Rüden ab. Nach der Änderung des Sekrets wird es jedoch gefährlich, nun heißt es, die nächsten zwei Wochen genau aufzupassen. Innerhalb dieser 14 Tage gibt es wiederum 2 bis 3 Tage, in denen die Hündin besonders deckbereit ist – meist der 10. bis 13. Tag der Läufigkeit. Hier ist sie dann im wahrsten Sinne des Wortes „läufig" und wird jede nur erdenkliche

Abb. 31. Ein Mischling für die Wissenschaft: Der kleine Kerl ist eine Kreuzung von Schakal, Wolf, Norwegischem Elchhund und Siberian Husky.

Möglichkeit zum Entweichen ausnützen. Auf der anderen Seite bringen Rüden die ungewöhnlichsten Leistungen fertig, um zu ihrer Angebeteten zu kommen. Auch der letzte Tag der Läufigkeit kann noch zu Nachwuchs führen! Unterschätzen Sie also weder die Hündin noch ihre Verehrer. Aufpassen heißt wirklich *genau* aufpassen: Manche, vor allem kleinere Hündinnen bluten so wenig oder halten sich so sauber, daß nach scheinbar ein bis zwei Tagen das Bluten bereits aufhört und es dann schon gefährlich wird. Und für den Deckakt reichen 10 Minuten meist aus.

Sollte es also doch dazu gekommen sein, läßt sich in der ersten Zeit noch eine *Abtreibung* auf hormonellem Wege durchführen. Während der ersten 4 Tage nach dem Deckakt reichen ein bis zwei Hormoninjektionen aus; sonst sind drei Injektionen am 5., 7. und 9. Tag nötig. Eine Abtreibung *nach* diesem Zeitpunkt ist mit einer schweren

gesundheitlichen Gefährdung verbunden und wird deshalb nicht durchgeführt. In diesem Fall werden wir uns wohl mit der Mutterschaft abfinden müssen. Eine operative Schwangerschaftsunterbrechung wie beim Menschen (Ausschabung der Gebärmutter) läßt sich bei der Hündin aus anatomischen Gründen nicht ausführen.
Nach der Abtreibung ist vor allem zu beachten, daß die verabreichten Hormone eine Verlängerung der Läufigkeit hervorrufen. Es kann also nach der Abtreibung eine erneute Befruchtung stattfinden! Also weiter aufpassen, am besten so lange, bis sich die Rüden nicht mehr für die Hündin interessieren.
Solch eine Hormonbehandlung ist natürlich mit gewissen Risiken (Gebärmuttererkrankungen) verbunden; aufpassen und keine Abtreibung ist eindeutig gesünder.

Die zweite Möglichkeit ist die *Antibabyspritze*. Eine Hormoninjektion viereinhalb Monate nach Beginn der letzten Läufigkeit läßt die nächste Läufigkeit einfach nicht auftreten. Läßt man die Folgeinjektionen weg, tritt dann die nächste Läufigkeit zum normalen Zeitpunkt wieder auf; eine regelmäßige Wiederholung der Antibabyspritze nach $4^1/_2$ bis 5 Monaten ist deshalb empfehlenswert. Nebenwirkungen werden heute kaum beobachtet – das richtige Präparat und die richtige Dosis vorausgesetzt. Der Verdacht auf vermehrtes Auftreten von Brustdrüsengeschwülsten konnte mit ausgedehnten Untersuchungen ausgeräumt werden. Ein Teil der Hündinnen nimmt bei dieser Methode allerdings etwas zu – wie das bei der „Pille" beim Mensch auch der Fall sein kann. (Solche Antibabypillen sind beim Hund übrigens strengstens verboten, da sie zu Gebärmuttererkrankungen führen!) Die Gewichtszunahme verliert sich aber nach einiger Zeit meist wieder.
Der Vorteil der Antibabyspritze ist, daß man sie immer mal wieder oder überhaupt weglassen kann und die Hündin dann wieder läufig wird. Der Nachteil sind die regelmäßigen, pünktlichen Tierarztbesuche, die natürlich Geld kosten.

Die dritte Möglichkeit, Nachwuchs zu vermeiden, ist die *Kastration* der Hündin: Dabei werden die Eierstöcke durch eine Operation entfernt. Eine Kastration ist eine hundertprozentig sichere Lösung, die allerdings nicht mehr rückgängig gemacht werden kann. Das heißt in der Konsequenz, daß dies auch für alle eventuell auftretenden Nachteile gilt. Da wäre einmal die Neigung zuzunehmen und bequem zu werden; weiterhin zeigen sich bei den meisten langhaarigen Hündinnen mehr oder weniger deutliche Fellveränderungen, vor allem am Rumpf – sie bekommen wieder das „Babyfell". Stichelhaarige und kurzhaarige Hunde sind davon nicht betroffen. Während die Gewichtszunahme sich mit entsprechender Diät ein bißchen beeinflussen läßt, ist gegen die Fellveränderungen kein Kraut gewachsen. Der große Vorteil der Kastration ist aber, daß man nach der Operation wirklich seine Ruhe hat mit Läufigkeit und unerwünschtem Nachwuchs.

Eine *Sterilisation* macht man bei der Hündin nur in ganz seltenen Fällen; hier bleiben die Eierstöcke im Körper, nur die Eileiter werden abgebunden. Die Hündin würde bei dieser Methode ganz normal läufig, nur könnten die Eier nicht befruchtet werden. Leider bleibt der Erfolg recht unsicher.

Abb. 32. In diesem Fall (Pudelmischling) war wohl niemand besonders traurig, daß das „Aufpassen" nicht so ganz geklappt hat...

Die Trächtigkeit

Da unsere Mischlingshündin und ihre nicht geplanten Kinder eine ebenso sorgfältige und liebevolle Pflege verdienen wie jeder teure Rassehund, gilt es, sich auf das kommende Ereignis vorzubereiten.
Hoffentlich können wir uns noch daran erinnern, wann die Hündin läufig war, um als Decktag etwa den 14. oder 15. Tag der Hitze anzunehmen. Die Hündin trägt rund 63 Tage. In den ersten drei bis vier Wochen sind keine sichtbaren Veränderungen an der Hündin festzustellen. Erhöhen Sie ab der 5. Woche den Fleischanteil im Futter und geben Sie zusätzlich ein Kalzium-Vitaminpräparat. Ab der 6. Woche wird die Hündin zusehends rundlich und behäbiger. Vermeiden Sie jetzt lange Spaziergänge und verteilen Sie das Futter auf mehrere kleine Mahlzeiten am Tag. Geben Sie soviel, wie die Hündin fressen möchte.

Wo ziehen wir die Familie groß?

Das hängt im wesentlichen von der Größe der Hündin ab. Kleine Hunde werfen in der Regel weniger Welpen, die man ohne allzu große Schwierigkeiten in der Wohnung aufziehen kann. Schäferhundgroße und doggenartige Hündinnen können bis zu zwölf Welpen werfen, deren Aufzucht natürlich viel Platz erfordert. In diesem Falle sollte man sich in einem trockenen, hellen Keller oder in einer Garage Platz für ein Wurflager schaffen, oder im Garten, sofern ein Zwinger vorhanden ist, eine warme Hütte für die älteren Welpen und ihre Mutter einrichten. Vielleicht haben Sie auch ein Gartenhäuschen, das vorübergehend ausgeräumt werden kann und das ein schönes Hundehaus abgibt.

Aber auch bei großen Hunden kann die Geburt in der Wohnung stattfinden und die Familie dort so lange bleiben, bis die Kleinen selbständig fressen können. Ein nicht benutztes Zimmer ist als Standort für die Wurfkiste ideal. Eine Etagenwohnung, in der nicht einmal diese Möglichkeit gegeben ist, ist keinesfalls der richtige Ort für die Aufzucht einer Hundefamilie, es sei denn, es stört Sie nicht, nach Abgabe der Welpen die Wohnung einschließlich Teppichböden renovieren zu lassen. Wenn Sie gar keine Möglichkeit der Welpenaufzucht in Ihrer Wohnung haben, kann die Hündin vielleicht im Tierheim die Welpen zur Welt bringen und nach der Entwöhnung zurückkehren.

Die Wurfkiste sollte so groß sein, daß sich die Hündin bequem darin ausstrecken kann und noch Platz für die Welpen bleibt. Wenn Sie die Wurfkiste später als Schlafstatt für die Welpen benutzen wollen, muß sie natürlich entsprechend größer sein. Wichtig ist, daß der Kistenboden auf kleinen Beinen steht und gut gegen Kälte und Feuchtigkeit isoliert ist. Die Wurfkiste sollte innen auswaschbar sein, auf den Boden kommt eine dicke Lage Zeitungspapier, darüber ein sauberes Tuch. Bei sehr kleinen Hunden genügt das Körbchen als Wurflager mit einem Kinderlaufstall als Auslauf für die älteren Welpen. Normale Zimmertemperatur ist für gesunde Welpen warm genug.

Die Geburt

Ab dem 53. Tag beobachten wir die Hündin und messen täglich morgens und abends Temperatur. Die Normaltemperatur (mit Fiebermesser im After gemessen) beträgt 38° bis 38,5°C. Sinkt die Temperatur um ca. 2°C und steigt wieder rapide an, ist in den nächsten 24 Stunden mit der Geburt zu rechnen.

Erste Anzeichen für die Geburt sind: Die Hündin wird unruhig, scharrt in ihrer Kiste, muß öfter die Blase entleeren und hechelt stark. Sie scheint ihren Bauch zu beobachten und rührt kein Futter mehr an. Die Vorwehen zeigen sich in leichten, wellenartigen Bewegungen über dem Leib. Die Hündin kann im Stehen, Sitzen oder Liegen werfen. Sie stemmt sich gegen die Kistenwand, macht den Buckel krumm und streckt die Rute in einem seltsam gekrümmten Bogen ab. Die Hündin preßt mit einem Stöhnen den Welpen noch in seiner Fruchtblase heraus, dabei zieht die Nabelschnur die Nachgeburt mit sich. Die Hündin

Abb.33. Er hatte Glück: Eine liebevolle Familie fand ihn vollkommen verwahrlost in einer Gasse in Avignon. Heute ist er „der glücklichste Hund auf Erden".

beißt die Fruchtblase auf, die sie mit der Nachgeburt hastig verschlingt. Nun kaut die Hündin die Nabelschnur ab, dabei wirft sie den quiekenden Welpen hin und her. Danach leckt sie den Welpen trocken, der sich womöglich schon auf den Weg zur Zitze macht und sich festsaugt.
Bis zum nächsten Welpen kann es 20 Minuten bis zwei Stunden dauern. Achten Sie darauf, daß nach jedem Welpen, besonders dem letzten, die Nachgeburt kommt. Bleibt sie zurück, kann sie zum Tode der Mutter führen; daher muß der Tierarzt eine zurückgebliebene Nachgeburt so schnell wie möglich zutage fördern.
Auch wenn sich trotz Preßwehen nach zwei Stunden nichts tut, obwohl die Hündin offensichtlich noch Welpen hat, rufen Sie den Tierarzt.
Ich habe hier die normale Geburt geschildert; es würde den Rahmen dieses Buches sprengen, auf alle Eventualitäten einzugehen. Nur soviel sei gesagt: Wenn sich 24 Stunden nach dem Temperaturabfall und -anstieg und nach offensichtlichen Vorwehen keine Preßwehen einstellen, rufen Sie den Tierarzt. Auch wenn nach dem 63. Tag keine Anzeichen von einer einsetzenden Geburt zu sehen sind, suchen Sie seinen Rat. Es kann sein, daß ein Kaiserschnitt nötig wird, besonders, wenn Ihre Hündin pekinesen- oder mopsähnlich ist, also einen kurzen dicken Kopf und verkürzten Nasenrücken hat. Bei diesen Hunden kommt es häufig vor, daß die dickschädeligen Welpen nur mit Mühe den Geburtsweg passieren.

Die Hündin und ihre Welpen

Vorausgesetzt, es ist alles normal verlaufen, wird die Hündin ruhiger und beginnt sich zu reinigen. Entfernen Sie verschmutzte Laken und Zeitungen und betten Sie die junge Familie frisch. Unmittelbar nach der Geburt reichen Sie der Hündin eine kräftige, ungesalzene Fleischbrühe oder warme Welpenmilch mit Traubenzukker. Auch wenn sie ungern die Welpen verläßt, muß die Hündin hinaus, um sich zu lösen.
Hat die Hündin alle sehr eiweißreichen Nachgeburten gefressen, füttern Sie in den ersten beiden Tagen eiweißarme Kost, da die Hündin sonst starken Durchfall bekommt. Reichen Sie das Futter relativ dünnflüssig in mehreren kleinen Portionen. Verläßt sie die Kiste nur ungern, geben Sie ihr das Futter dort. Die Futtermenge beträgt jetzt das Dreifache der normalen Ration mit $^2/_3$ Fleisch und $^1/_3$ Getreidekost, dazu Kalzium- und Vitaminpräparate. Füttern Sie soviel sie annimmt, denn sie muß in großen Mengen eiweißreiche, vitamin- und mineralhaltige Milch produzieren.
Bei Kalziummangel kommt es zu der gefürchteten Eklampsie (Krampferscheinungen), die, wenn nicht unverzüglich behandelt, tödlich für die Hündin ausgeht.
Da es laut Tierschutzgesetz nicht erlaubt ist, ,,ohne vernünftigen Grund" Welpen zu töten, stehen wir vor einer schweren Gewissensfrage, wenn die Hündin mehr Welpen wirft, als wir voraussichtlich in gute Hände abgeben können. Suchen Sie nach der Geburt den Tierarzt auf oder bitten ihn zu kommen, um die Welpen auf eventuelle angeborene Mängel zu untersuchen und wenn nötig, entsprechende Maßnahmen zu ergreifen. Hier muß auch die körperliche Verfassung der Mutter berücksichtigt werden. Danach muß sich auch die Zahl der bleibenden Welpen richten. Es hat wenig

Sinn, eine schwächliche Hündin Welpen aufziehen zu lassen.
Es klingt hart und unmenschlich, wenn ich sage, daß selbstverständlich nur die Welpen aufgezogen werden sollten, die keine Eingriffe unsererseits brauchen, um überleben zu können. Aber es ist sicherlich menschlicher und tierfreundlicher, drei gesunde Welpen großzuziehen und an nette Menschen abzugeben, als sechs oder acht aufzupäppeln und nachher in eine ungewisse Zukunft zu entlassen.

Welpenaufzucht

Nach 10 bis 14 Tagen öffnen die Welpen die Augen, ab der dritten Woche beginnen auch die anderen Sinnesorgane funktionsfähig zu werden. Wenn die Hündin Exkremente der Welpen nicht mehr entfernt, weil die Welpen zugefüttert werden, ist die Zeit gekommen, die kleine Meute in den Welpenraum oder in den Zwinger umzuquartieren. Für kleine Hunde reicht ein Laufställchen, aus dem die Welpen nicht entweichen können. Legen Sie die Laufflächen der Welpen mit Wellpappe aus (beim Laufställchen in der Wohnung achten Sie auf eine feuchtigkeitsundurchlässige Unterlage). Die Welpen brauchen jetzt mehr Bewegungsraum, dehnen ihre Erkundungsgänge immer weiter aus und spielen allerliebst miteinander.
Mit drei Wochen erfolgt die erste Wurmkur nach Anweisung des Tierarztes, die in bestimmten Abständen wiederholt wird. Die wichtigste Entwicklungsphase im Leben des Welpen ist die Zeit zwischen der vierten und siebten Woche; sie wird deshalb *Prägungsphase* genannt. Jetzt brauchen die Welpen Ansprache und Körperkontakt mit Menschen; Füttern und Saubermachen alleine genügen nicht. Wenn Sie keine Zeit haben, bitten Sie Freunde und Bekannte, einige Stunden am Tag mit den Welpen sanft zu spielen und zu schmusen. Da es beim Mischling nicht auf Schönheit ankommt, sondern seine wesentlichen Eigenschaften in seinem Charakter liegen, müssen Sie sich besondere Mühe geben, menschbezogene und umweltvertraute Welpen heranzuziehen, denn verhaltensgestörte Tiere finden selten verständnisvolle Menschen.
Bei trockenem Wetter dürfen die Welpen im Freien spielen. Zum Schlafen hereinholen, im Sommer für Schatten sorgen. Trockene Kälte schadet tobenden und spielenden Welpen nicht. Solange sie sich bewegen, dürfen sie zeitweise auch im Winter ins Freie.
Wir lassen die Welpen bei der Mutter saugen, solange sie Milch hat, um alle satt zu bekommen. Hungrige Welpen machen sich lautstark bemerkbar; wenn Sie also das Gefühl haben, die Welpen werden nicht mehr satt, oder die Hündin lehnt das Säugen ab, weil ihr durch die spitzen Krallen das Gesäuge wehtut oder weil keine Milch mehr kommt, bekommen die Welpen kleinere Mahlzeiten (bis zu fünf täglich); z. B. kleingehacktes Rindfleisch mit Getreidekost in Breiform, angereichert mit Kalzium- und Vitaminpräparaten, abgewechselt mit Welpenaufzuchtmilch. Tauchen Sie einen Finger in die Flüssigkeit und führen ihn ans Welpenmäulchen. Der Welpe lernt schnell zu schlecken.
Manche Hündinnen würgen den Welpen halbverdautes Futter vor – die ursprüngliche Weise, die Kleinen von Muttermilch auf feste Kost umzugewöhnen.

Abb. 34. Es dürfte nicht allzuschwer sein, für diese zwei Wollknäuel (Neufundländer/Leonberger-mischlinge) Abnehmer zu finden.

Die Welpen sollten zügig in zehn Minuten soviel gefressen haben, wie sie brauchen. Keinesfalls dürfen sie überfüttert werden. Lieber geringe Mengen häufiger, als einmal eine Riesenportion, da der Magen klein und nicht darauf eingestellt ist. Bevorzugen Sie, die Welpen von klein auf an Fertigfutter zu gewöhnen, können Sie jetzt schon Fertigvollnahrung in Flockenform oder Welpenkost abwechselnd mit gehacktem Fleisch und Welpenaufzuchtmilch geben. In diesem Fall aber keine Kalzium- und Vitaminpräparate mehr hinzufügen, denn Fertigfutter und Welpenaufzuchtmilch liefern diese in ausreichender Menge. Zusätzliche Gaben können der Entwicklung eher schaden. Ab der siebten, achten Woche brauchen die Welpen die Mutter nicht mehr zum Säugen, die Milchbildung läßt von selbst nach. Säugt die Hündin nur noch gelegentlich, stellen Sie wieder auf die normale Futterration um. Die Hündin sollte immer freien Zugang zu den Welpen haben, um mit ihnen zu spielen und sie zu erziehen, muß sich aber auch freiwillig zurückziehen können.

Die Abgabe der Welpen

Ab der siebten Lebenswoche vereinbaren Sie mit dem Tierarzt einen Termin für die Impfung, denn Sie sollten Ihre Welpen nur geimpft abgeben. Vor der Impfung müssen die Tiere wurmfrei sein.
Wer möchte nun Ihre Welpen haben? Viel-

leicht haben Sie das Glück, daß Nachbarn und Freunde gerne einen Welpen übernehmen wollen, vielleicht bleibt der besonders süße und freche Fratz gar bei Muttern, doch die anderen? Geben Sie frühzeitig Anzeigen in der Rubrik Tiermarkt Ihrer Tageszeitung auf und hängen an alle möglichen ,,Schwarzen Bretter" Werbezettel, um möglichst viele Leute auf Ihre Welpen aufmerksam zu machen.
Mischlingswelpen sollte man nicht verschenken. Schreiben Sie sich von Anfang an auf, welche Unkosten Ihnen durch Fütterung, Impfung usw. entstanden sind. Legen Sie die Kosten auf jeden Welpen um. Sie werden staunen, wieviel Geld zusammenkommt! Diesen Betrag sollten Sie wenigstens verlangen: jeder Hundefreund wird dies gern bezahlen, wenn er sicher sein kann, einen erstklassig aufgezogenen Welpen dafür zu bekommen. Schließlich erleichtert ihm dies die weitere Haltung wesentlich, und Tierarztgänge, die über die routinemäßigen hinausgehen, bleiben ihm erspart.
Sie sollten sich überlegen, ob Sie zudem noch eine ,,Schutzgebühr" verlangen, um sicherzugehen, daß die Welpen nicht unbedacht billig erworben und kurzfristig wieder weggegeben werden oder gar in einer Tierversuchsanstalt der pharmazeutischen oder kosmetischen Industrie landen. Tatsächlich werden für Versuchshunde stattliche Beträge gezahlt. Es ließe sich mit den künftigen Besitzern vereinbaren, daß Sie die Schutzgebühr nach einem Jahr zurückzahlen, wenn Sie festgestellt haben, daß es der Hund gut getroffen hat. Wer nicht bereit ist, für den Welpen Geld zu zahlen, wird kaum bereit oder in der Lage sein, die anfallenden Kosten für die Hundehaltung aufzubringen.
Sie sehen, es ist gar nicht so leicht, die richtigen Menschen für Ihre Hunde zu finden. Glücklicherweise ist heute der Trend für die Mischlingshunde steigend. Statistische Zahlen aus der Schweiz zeigen, daß die Eintragungsziffern der Rassehunde zurückgehen, die Steueranmeldungen aber eine Zunahme der Hundebevölkerung ausweisen – eine Tatsache, die eigentlich nur auf die vermehrte Haltung von rasselosen Hunden zurückgeführt werden kann. Ich wünsche Ihnen viel Glück für die Abgabe Ihrer Welpen – und wenn es gar keine andere Möglichkeit gibt, bringen Sie die Tiere in ein gut geführtes Tierheim, in der Hoffnung, daß sich dorthin Menschen wenden, die einen treuen Hausgenossen suchen.

Literaturhinweise

Bücher

Bechtold, W.: Ausbildung zum Schutzhund. Stuttgart 1982

Die Mönche von Skete: Wer kennt schon seinen Hund? Hamburg 1978

Powell, J.: Das schmeckt meinem Hund. Stuttgart 1983

Schnabel, E.: Unser Hund wird gut erzogen. Stuttgart 1983

Schnabel, E.: Ein Hund zieht ins Haus. Stuttgart 1984

Schneider, A. u. W.: Hundekrankheiten. Stuttgart 1983

Trumler, E.: Mit dem Hund auf du. München 1983

Trumler, E.: Trumlers Ratgeber für den Hundefreund. München 1981

Trumler, E.: Hunde ernst genommen. München 1981

Wirtz, H.: Welpenaufzucht. Stuttgart 1982

Zeitschriften

Die Hundewelt, Minerva-Verlag, Eichenstr. 72, 4060 Viersen

Ratgeber für den Hundefreund

Hubert Wirtz
Welpenaufzucht
Zucht – Aufzucht – Pflege – Haltung
Wenn ein Hundebesitzer züchten will, sollte er schon eine Reihe fundierter Kenntnisse über Vererbungslehre und Zuchtbestimmungen, Haltung der Hündin, Aufzucht und Pflege der Welpen mitbringen. Dieses Wissen vermittelt dieses Buch, das dem Züchter zur Hand gehen will und aus der praktischen Erfahrung des Autors Hinweise und Ratschläge gibt.
95 Seiten, 35 meist farbige Abbildungen

Elisabeth Schnabel
Ein Hund zieht ins Haus
Die Kunst, einen Freund zu gewinnen
Dieses Buch hilft, Fehler beim Kauf, bei der Erziehung, bei der Haltung, der Ernährung usw. zu vermeiden.
80 Seiten, 22 farbige Abbildungen

A. u. W. Schneider
Hundekrankheiten
Ein Leitfaden zum Vorbeugen, Erkennen, Helfen
160 Seiten, 29 meist farbige Abbildungen, 1 Röntgenbild

Elisabeth Schnabel
Unser Hund wird gut erzogen
Vom kleinen Tolpatsch zum manierlichen Hausgenossen
Jeder Hund muß erzogen werden, wenn er sich harmonisch in das Familienleben einfügen soll; ebenso will er auf seine Beschützerrolle vorbereitet sein. Wie auch ein unerfahrener Hundebesitzer dieses Ziel erreichen kann, ist in diesem Buch in leicht verständlicher Form dargelegt.
120 Seiten, 34 farbige Abbildungen

FRANCKH KOSMOS Verlagsgruppe

In Ihrer Fach/Buchhandlung!